JN379897

어린이를 위한

수학 우리 겨레 이야기

일러두기

수학 계산의 어려움을 덜기 위해 다음과 같은 방법을 사용했습니다.

1. 수를 나타내는 우리말을 아라비아 숫자로 썼습니다. (예 : 좁쌀 한 말 → 좁쌀 1말)
2. 식에 나오는 더하기, 빼기, 곱하기, 나누기는 수학기호인 +, -, ×, ÷를 썼습니다.
 (예 : 236 곱하기 84는? → 236×84 = 19824)
3. 방정식이나 비례식에서 값이 알려지지 않은 수를 뜻하는 미지수는 x로 썼습니다.
 (예 : 좁쌀과 찹쌀을 5대 3의 비율로 교환할 때 좁쌀 1말에 대한 찹쌀의 양은? → 5 : 3 = 1 : x)

어린이를 위한

우리 겨레 수학 이야기

안소정 글 · 이연수 그림

산하

우리 조상들은 어떻게 수학 공부를 했을까?

우리는 지금 서양에서 들어온 아라비아 숫자와 기호로 수학을 배웁니다. 그래서 수학은 서양에서 들어온 학문이라고 생각하기 쉽지요. 하지만 우리나라에도 수학이 있었답니다. 그렇다면 우리나라의 수학은 어떤 것이었을까요? 이 책의 주인공인 수돌이에게 도움을 청해 보았습니다.

수돌이는 '산사'가 되기 위하여 '산학'을 공부하는 소년입니다. 수돌이가 공부하는 산학은 옛날 우리나라 수학입니다. 그리고 산사는 수학을 공부하는 수학자입니다.

수돌이는 지금 다음과 같은 문제를 풀고 있습니다.

"밭이 하나 있다. 그 밭의 가로 길이는 15보이며, 세로 길이는 16보이다. 밭의 넓이는 얼마인가?"

이 문제는 도형의 넓이를 구하는 문제인데, '보'라는 단위를 썼습니다. 보는 한 걸음이 되는 길이를 말하는데, 약 1.5m쯤 되지요.

수돌이는 수학 문제를 산가지로 계산한답니다. 성냥개비처럼 생긴 산가지로 숫자도 만들고, 셈도 합니다.

갑자기 궁금한 게 많아졌지요? 하지만 서두를 필요는 없답니다. 수돌이가 재미있는 이야기를 통해 여러분의 궁금증을 하나씩 풀어 줄 테니까요.

이 책은 어린이들이 우리 전통 수학을 쉽게 이해할 수 있도록 썼습니다. 초등학교 고학년 어린이들이 학교에서 배우고 이해할 수 있는 내용으로, 옛날 우리나라 수학 문제를 다루었습니다.

여러분은 길이, 넓이, 무게, 부피 등의 단위들을 옛날 수학에서 어떻게 공부했는지 살펴볼 수 있습니다. 초등학교 5학년에서 배우는 분수의 약분과 통분을 어떻게 했으며, 최대공약수는 어떻게 구했는가를 알아보는 것도 흥미롭습니다.

또한 옛날 수학 책《구장산술》에 나오는 '여러 가지 모양의 땅의 넓이'는 5학년에서 배우는 '다각형의 넓이'의 내용과 비슷합니다. 그리고 우리의 조상들은 지금 우리가 6학년 때 배우는 원주율과 원의 넓이, 비례식, 소수의 계산, 입체도형의 부피도 다루었습니다.

나는 여러분이 옛날 우리나라에도 이렇게 뛰어난 수학이 있었다는 사실을 알고 한껏 자부심을 가져 주기를 바랍니다.

이 책을 읽으면서 여러분이 수학에 보다 흥미를 느낄 수 있게 된다면 더 바랄 나위가 없겠습니다.

2005년 여름에

안소정

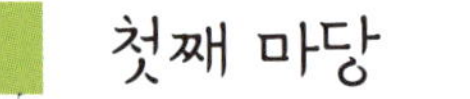

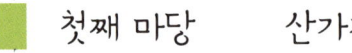

첫째 마당 산가지셈 _9

둘째 마당 곱셈 계산막대 _27

셋째 마당 원주율 이야기 _47

넷째 마당 산사가 될 테야 _61

다섯째 마당 여러 가지 도형의 넓이 _73

여섯째 마당　비례식과 분수도 계산해요 _89

일곱째 마당　신비한 마방진 이야기 _103

여덟째 마당　과거를 보러 가요 _117

아홉째 마당　산사가 된 수돌이 _137

열째 마당　수학 대결에서 누가 이길까요? _149

부록 이야기로 풀어 보는 우리 수학의 역사_166

[商除]見一作五

定位退無差 商除於二定石者今石上定十 商除八上得丈皆分人上定卜

定斛米二百二十九石八升剖爲八斗十三升法斛幾何

[答曰]二百七十六石

術曰置定斛爲實爲身以求身爲伯用[今有術]從實

位求起言十次身言如退位布之

指曰見一下十七 見二下三十四 見三下五十一

見四下六十八 見四乙五作五 遇八十三成百

[四四]句乙不九明爲可中[起]

見五下一百二 見六下百十九

見七下百三十六 見八下百五十二

〇

下三十四 見二次位

〇 餘三例本

五作五 六作起四位

下三十四 見二次位

作五 起四一三

今三成乃 收入前位

산가지셈

'산가지'는 대나무를 길게 쪼개 만든 계산 기구로 산가지를 규칙에 따라 배열해 숫자를 나타냈다. 산가지는 덧셈뿐만 아니라, 방정식에도 이용되었다. 산가지셈은 삼국시대 때 중국에서 들어와 조선 시대 말까지 널리 쓰였다. 그밖에도 우리 조상들은 계산막대로 곱셈을 하고 나무 기둥에 금을 긋거나 길이나 색깔이 다른 끈으로 매듭을 묶어 숫자를 나타내기도 했다.

또 잊어버렸어요

꼬꼬댁, 꼬꼬!

수돌이는 아침마다 닭 우는 소리에 눈을 뜹니다. 그리고 곧장 닭장으로 달려갑니다. 암탉들이 낳은 달걀을 꺼내기 위해서입니다.

"아버지, 안녕히 주무셨어요?"

아버지는 벌써 닭장에 나와 달걀들을 꺼내고 있습니다.

"그래, 일찍 일어났구나."

수돌이도 얼른 달걀 하나를 꺼내 손으로 만져 봅니다. 아직도 따뜻합니다. 수돌이는 막 꺼낸 달걀의 따뜻한 감촉을 참 좋아합니다.

오늘은 다른 날보다 조금 서둘러야 합니다. 장날이기 때문입니다. 수돌이네는 동네에서 소문난 닭 부자입니다. 달걀이 가장 많이 나는 집이기도 하지요. 아버지는 장날이 되면 달걀을 장에 내다 팝니다.

"자, 이제 모두 꺼냈구나."

아버지가 달걀들을 바구니에 담으며 말합니다.

"아버지, 오늘은 몇 개나 돼요?"

"글쎄다. 몇 개나 되는지 수돌이가 한번 세어 볼래?"

수돌이가 달걀을 세기 시작합니다.

"하나, 둘, 셋…… 열다섯, 열여섯……."

"우리 수돌이가 달걀도 잘 세는구나!"

장독대에 고추장을 푸러 나온 어머니가 수돌이의 머리를 쓰다듬었습니다.

"아이참, 엄마도. 그만 잊어버렸잖아요."

수돌이는 처음부터 다시 달걀들을 셉니다.

"하나, 둘, 셋,…… 백둘, 백셋……."

"다 셌니? 몇 개나 되니?"

옆에서 달걀 꾸러미를 만들고 있던 아버지가 묻습니다.

그 바람에 수돌이는 세고 있던 숫자를 또 잊어버리고 말았습니다.

"아이참, 또 잊어버렸어요. 백 개도 넘게 세고 있었는데……."

수돌이는 너무 속상해서 울상을 짓고 말았습니다.

그러자 아버지가 껄껄 웃으며 말했습니다.

"그렇게 속상하니? 그럼 아버지가 절대 안 잊어버리는 방법을 가르쳐 주마."

"뭐라고요? 안 잊어버리고 셀 수 있는 방법이라니요?"

수돌이는 귀가 번쩍 뜨였습니다.

"자, 잘 봐라."

아버지는 아직 세지 않은 달걀들을 크기대로 세 바구니에 나눠 놓았습니다. 그리고 각각의 바구니 앞에 작은 나무 막대들을 놓았습니다.

처음 바구니 앞에 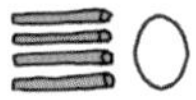 , 그 다음 바구니 앞에  , 또 다른 바구니 앞에는  모양으로 놓았습니다.

마치 무슨 암호 같았습니다.

"이 막대들이 무엇을 뜻하는지 눈치챘니? 이건 달걀의 개수를 표시한 거란다. 첫 번째는 40, 그 다음은 77, 마지막은 62라고 읽지."

"막대로 수를 표시할 수도 있어요?"

"그럼. 이게 바로 산가지셈이라는 거야."

"산가지셈이요?"

"숫자를 나타내는 이 막대를 산가지라고 하고, 산가지로 수를 세는 것을 산가지셈이라고 한단다."

아버지는 막대들을 이리저리 옮겨 다른 모양을 만들기 시작했습니다.

"자, 이건 1을 나타낸 것이고, 이건 2, 3, 4란다. 이렇게 1부터 9까지를 나타내는 거지."

"그 다음 줄은 왜 막대를 가로로 놓았어요?"

"가로로 놓인 것은 10, 20, 30 같은 십의 자리 수란다."

"그럼 그 다음 줄은 백의 자리예요? 막대를 세로로 놓았네요?"

"그렇지. 역시 우리 수돌이는 똑똑하구나. 산가지를 놓을 때 기본 숫자 1에서 9까지를 표시하는 방법은 같아. 단, 10까지 세면 다음 자리에 막대를 하나 올려 주는 거지. 그 다음은 자리에 따라 가로와 세로의 방향만 다르게 표시하는 거야. 그러니까 일, 십, 백, 천의 자리들을 세로와 가로로 번갈아 가며 놓으면 된단다."

"아! 그러니까 일, 백, 만의 자리는 세로로 하고 십, 천, 십만 자리는 가로로 놓는 거네요."

수돌이가 신이 나서 말했습니다.

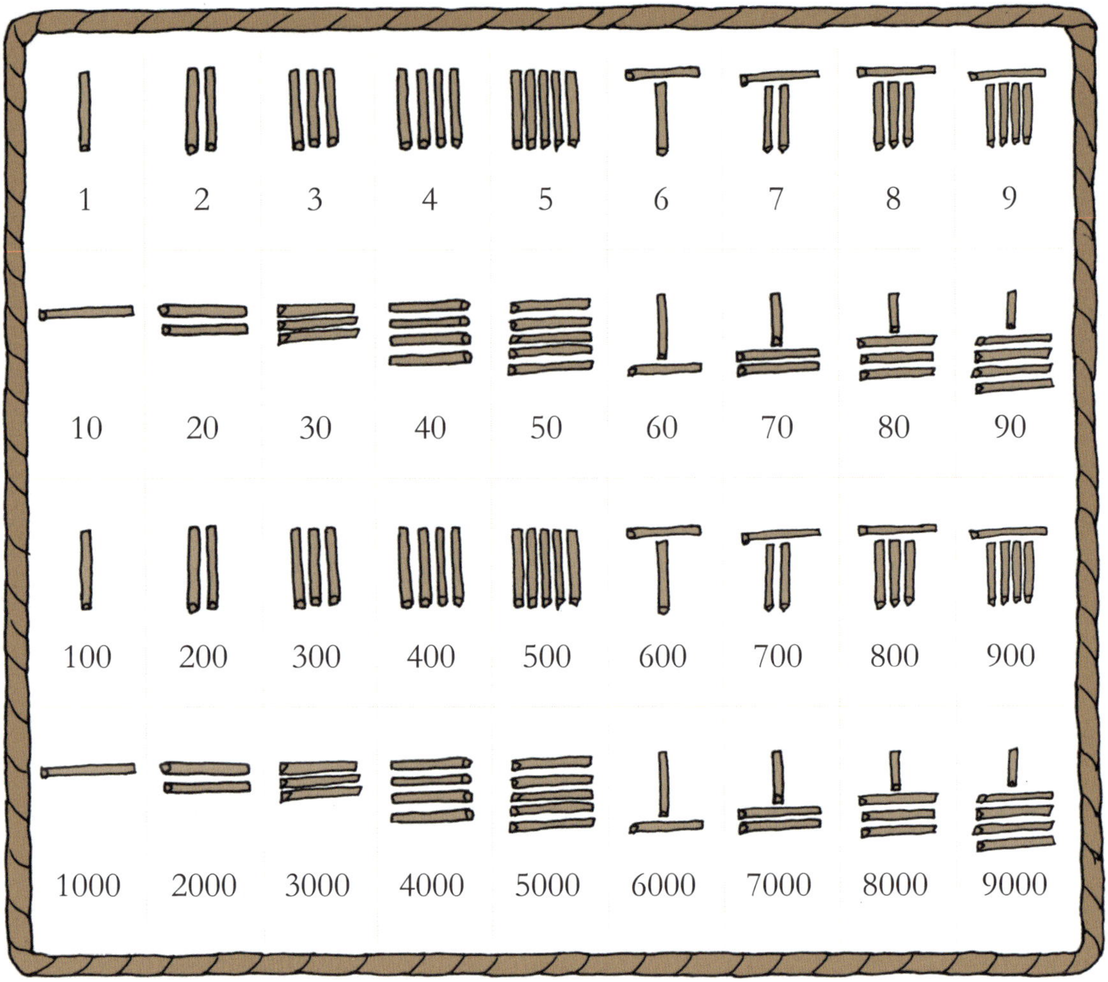

1 2 3 4 5 6 7 8 9

10 20 30 40 50 60 70 80 90

100 200 300 400 500 600 700 800 900

1000 2000 3000 4000 5000 6000 7000 8000 9000

“수돌아, 그럼 문제 하나 내 볼까? 이 숫자를 한번 읽어보겠니?”

아버지는 산가지로 숫자를 만들어 수돌이에게 보여 주었습니다.

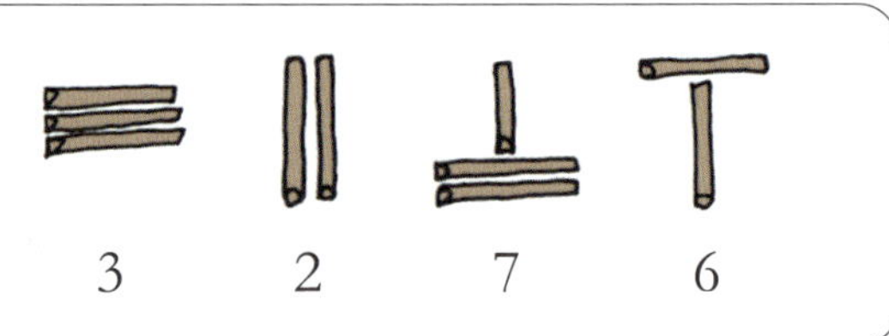

"음, 3천 2백 7십 6이요."

"그래, 맞다. 그럼 이건?"

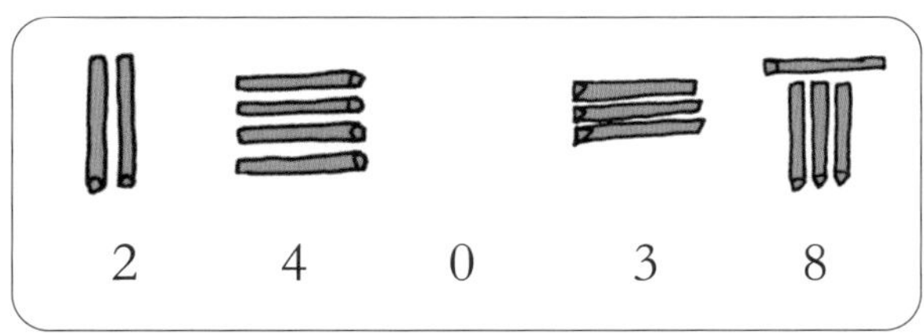

자신만만하던 수돌이가 이번에는 고개를 갸우뚱거렸습니다. 아버지가 산가지를 놓으면서 한 부분을 띄어 놓았거든요.

"아버지, 이 부분은 왜 이렇게 띄어 놓았어요?"

이런 질문이 나올 줄 알았다는 듯 아버지는 빙그레 웃었습니다.

"이렇게 비워 둔 것은 0을 나타내는 거란다."

"그럼 읽을 수 있어요. 2만 4천 3십 8이요."

"맞다. 우리 수돌이가 산가지셈을 아주 잘 하는구나."

산가지로 달걀 세기

"자, 이제 산가지로 달걀 개수를 표시해 볼까? 네가 세던 달걀들을 합쳐서 세어 보자."

아버지는 수돌이가 세고 있던 달걀들을 아버지가 나눠 놓은 달걀 바구니에 크기대로 옮겨 담았습니다.

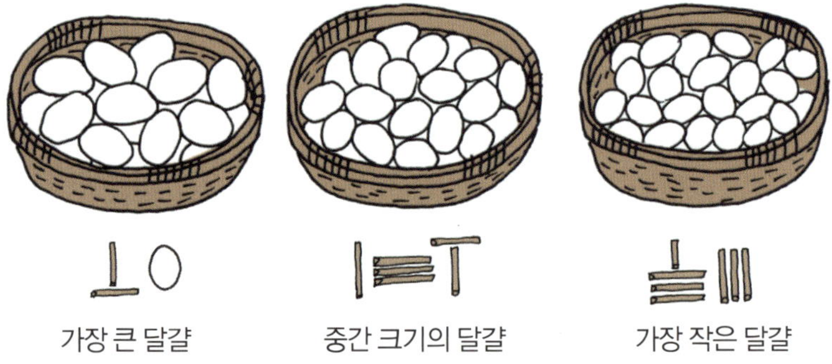

그런 다음, 산가지로 숫자를 표시했습니다.

"아버지, 제가 알아맞혀 볼게요. 알이 가장 큰 달걀은 60개, 중간 것은 136개, 가장 작은 달걀은 83개예요."

"맞았다."

"아버지, 그러니까 읍내 가게에는 알이 가장 큰 걸로 60개를 갖다 주는 거네요?"

알이 큰 첫 번째 바구니는 읍내 단골 가게에 팔 달걀들입니다. 그 앞에 놓인  은 수돌이의 말대로 60을 나타내지요. 그 다음 바구니 앞의  은 136개로 중간 크기 달걀들을 골라 놓은 것입니다. 그리고 마지막  은 83개를 표시한 것인데, 크기가 가장 작은 달걀들을 골라 놓은 것입니다. 중간 것과 작은 것은 오늘 장터에서 직접 팔 달걀들입니다.

"그럼, 이번엔 달걀을 모두 더해 볼까?"

"아버지, 산가지로 덧셈도 할 수 있어요?"

"그럼, 할 수 있고말고. 아버지가 하는 걸 잘 보렴."

아버지는 산가지를 몇 개 집어서 숫자를 만들었습니다.

"수돌아, 이건 어떤 숫자지?"

"28이에요."

"그렇지, 28이야. 여기에 산가지 5개를 더해서 28 더하기 5를 해 보자. 먼저 일의 자리인 8에 산가지 5를 더하면……."

"그럼 일의 자리는 13이 되어요."

"그래, 맞았어. 십의 자리에 산가지 1개를 주고, 나머지 3개를 일의 자리에 놓는단다. 그러면 으로 배열을 하게 되지. 읽어 보겠니?"

"33이 되어요."

"맞았다."

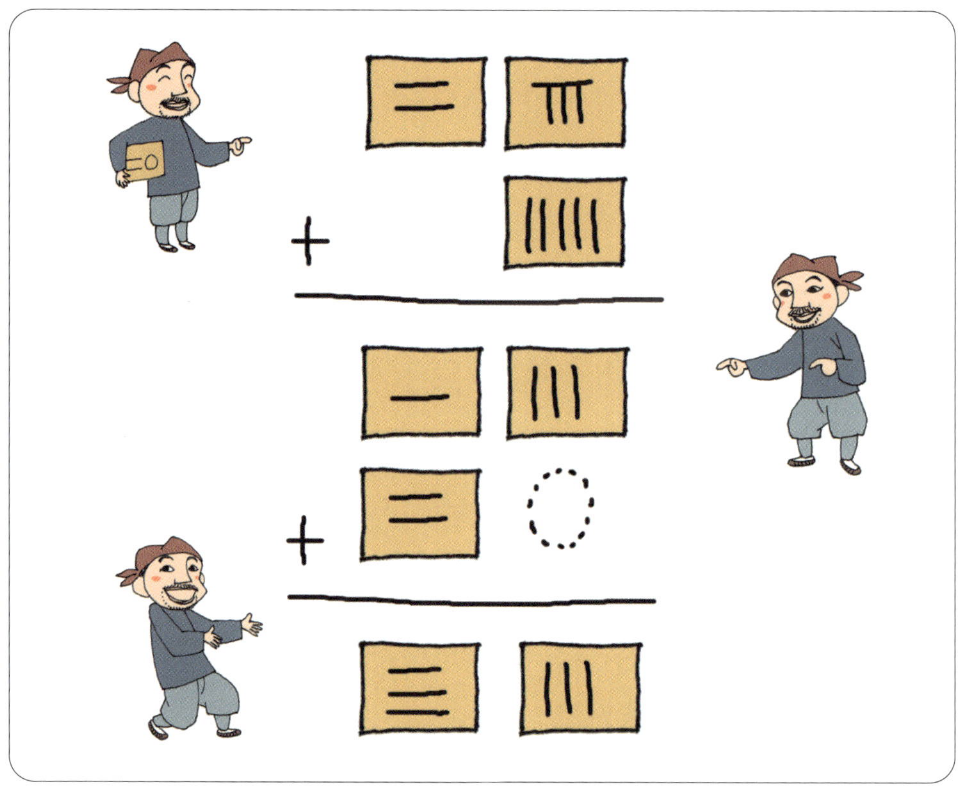

바구니 앞에 놓여 있던 산가지를 다시 한 곳으로 옮기며 아버지가 말했습니다.

"그러면 이제 우리 세 바구니에 담긴 달걀들을 모두 더해 볼까?"

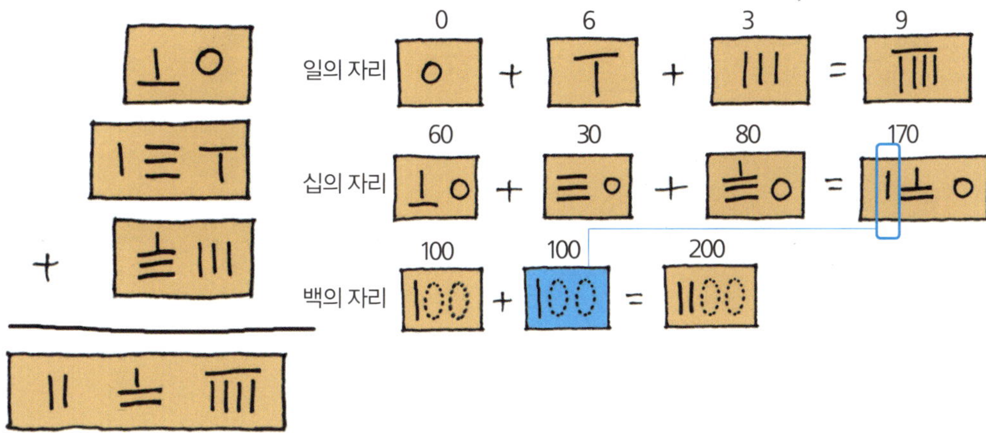

"먼저 (60), (136), (83)을 세로로 배열한 뒤, 일의 자리부터 산가지를 더해 나가면 된단다. 일의 자리를 모두 더하면 (9)가 되고, 다음에 십의 자리를 모두 더하면 (170)이 되니까 백의 자리로 1개를 올려 주면 돼."

"그러면 백의 자리는 (200)이 되어요."

"그렇지. 그래서 전체 달걀 수가 (279)가 되는 거야. 그럼 달걀은 모두 몇 개니?"

"2백 7십 9, 달걀은 모두 279개예요."

"그렇지. 이젠 산가지셈을 척척 하네."

아버지는 흐뭇한 표정을 지으며 수돌이의 머리를 쓰다듬었습니다.

연습문제

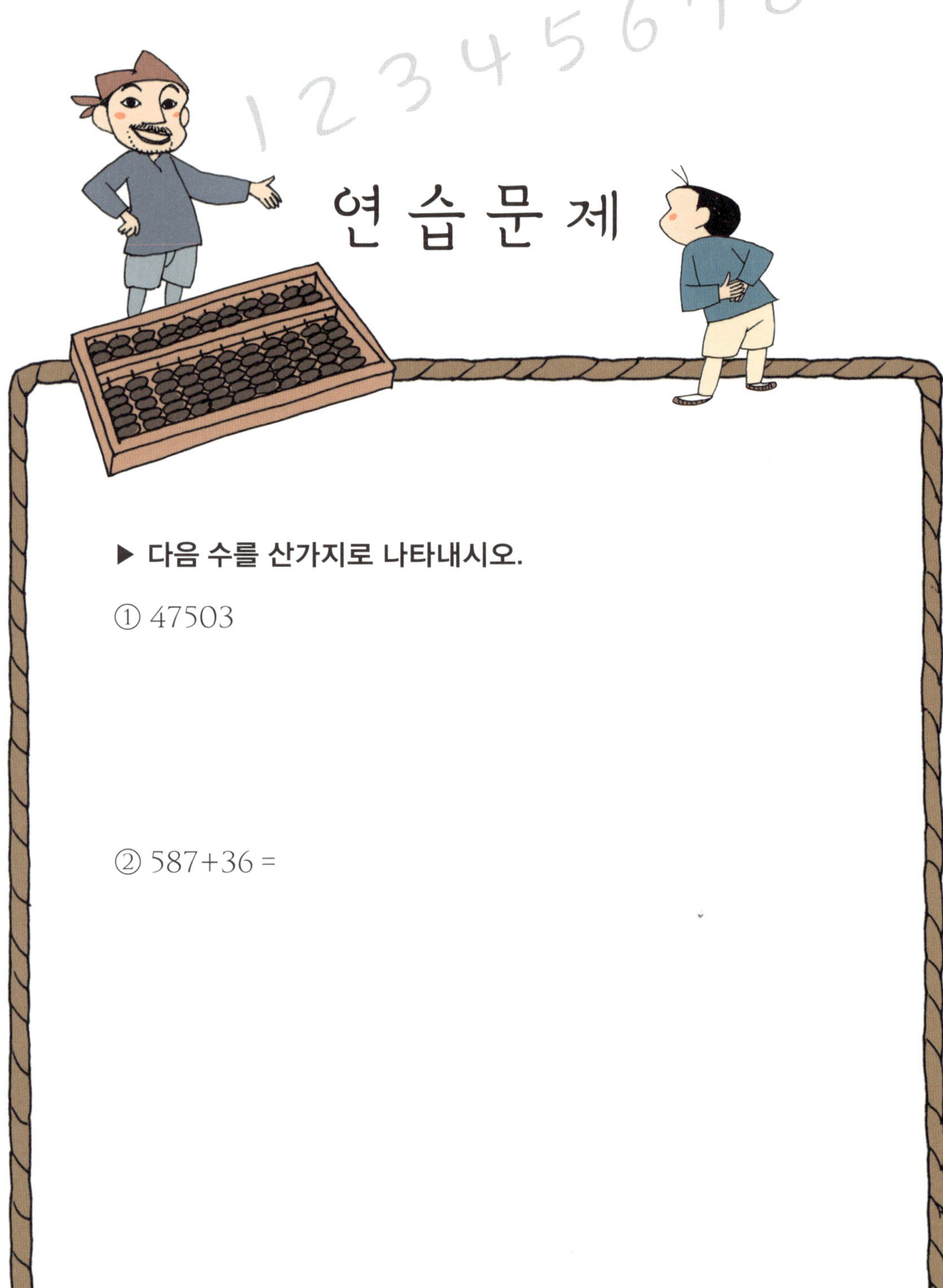

▶ **다음 수를 산가지로 나타내시오.**

① 47503

② 587+36 =

정답 : ① ②

옛날 우리 조상들은 셈을 어떻게 했을까?

계산기 역할을 한 대나무 가지

요즘 우리는 간단한 문제는 직접 숫자를 적어서 셈을 하고, 복잡한 계산은 전자계산기를 사용한다. 그렇다면 전자계산기가 없었던 시대에는 복잡한 수의 계산을 어떻게 했을까?

지금의 전자계산기와는 많이 다르지만, 옛날에도 간단한 계산은 물론 복잡한 계산까지 척척 해내는 도구가 있었다. 바로 '산목'이라는 계산 도구이다.

흔히 '산가지'라고 부르기도 하는 산목은 숫자를 나타낼 뿐만 아니라 덧셈이나 곱셈, 나눗셈, 방정식 등의 계산에도 이용되었다.

산가지셈은 삼국시대 때 중국에서 들어와 조선 시대 말까지 널리 쓰였다. 하지만 복잡한 계산을 하다가 산가지를 잘못 놓거나 헷갈리는 경우가 많았다.

그래서 등장한 것이 수판이다. 판자에 홈을 파고, 그 위에 동그란 알을 끼운 수판 덕분에 사람들은 더 빠르고 정확하게 수를 계산할 수 있게 되었다.

산가지 - 대나무를 길게 쪼개 세모꼴로 만들어 주머니나 통에 넣어 두고 썼다. 대나무 같은 목재뿐만 아니라 쇠붙이, 상아, 옥 따위로 만들기도 했는데 산가지의 크기는 길이에 따라 차이가 있지만, 대략 손가락 길이만 한 것에서 한 뼘 길이만 한 것에 이르기까지 몇 가지 규격이 있었다. 지금 국립민속박물관에 있는 산가지의 길이는 약 15cm 정도 된다.

수판 - 주판 또는 산판이라고도 한다. 직사각형 모양의 나무틀 안에 작은 가지들을 세로

로 고정시키고, 구슬을 꿰어 만들었다. 중간을 가로로 갈라 윗알은 1개, 아래알은 4개 또는 5개를 끼워 만든다. 중국 사람들은 윗알은 2개, 아래알은 5개가 오도록 만들었다. 그러나 이러한 수판이 발명되기 이전에도 수를 계산하는 나름의 방법이 있었다. 지금으로부터 대략 4천 년 전, 수메르에서는 땅바닥에 홈을 파고 돌멩이를 놓아서 계산했다. 그 뒤 그리스 사람들은 판에다 금을 그어 계산했고, 로마 사람들은 그리스 사람들의 계산 방식을 좀 더 발전시켰다.

계산기 - 1642년에 프랑스의 파스칼이 만든 '파스칼리느'는 최초의 컴퓨터이자 기계식 계산기이다. 톱니바퀴를 이용해 만든 이 계산기는 수를 빼거나 더할 수는 있었지만, 곱셈과 나눗셈은 할 수 없었다. 곱셈과 나눗셈을 할 수 있는 계산기는 그로부터 30년 뒤 독일의 라이프니츠가 만들었다.

여러 가지 수를 나타내는 똑똑한 산가지셈

산가지셈에서 0을 나타낼 때에는 그 자리를 비워 둔다. 중국에서는 8세기부터 0을 사용하기 시작했는데, 우리나라도 중국의 영향을 받아 일찍부터 0을 사용했다. 또한 산가지셈에서는 음수도 나타낼 수 있다. 음수는 마지막 자리의 숫자에 빗금을 그어 나타낸다.

예를 들어 -23은 에 빗금을 그어 과 같이 나타낸다. 그리고 -382는 로 나타낸다.

중국에서는 3세기 때 양수는 빨간 산가지로, 음수는 검은 산가지로 구별하여 나타냈다. 이것만 보더라도 동양에서는 음수를 서양보다 일찍 썼다는 것을 알 수 있다. 유럽에서는 16세기에 와서야 비로소 음수를 인정했다.

숫자를 쓸 때, 처음에 0을 표기하면 소수를 뜻하는 것이었다. 예를 들어 0.0357은 처럼 나타냈다.

 새끼나 끈만 있으면 누구나 수학박사

우리 조상들은 다른 방법으로도 수를 표시했다. 나무 기둥에 금을 그어 제삿날이나 장날처럼 꼭 기억해야 할 날짜를 표시한 것이다. 이웃집에서 빌린 돈이나 읍내 가게의 외상값을 기억해야 할 때에도 이 방법을 썼다.

그밖에도 새끼나 끈을 이용했다. 길이나 색깔이 다른 끈을 묶어서 매듭을 만들어 숫자를 나타낸 것이다. 결승법이라고 하는 이 방법은 글이나 숫자를 몰랐던 서민층이 주로 사용했다. 결승법은 물건의 수량이나 가축의 수를 나타내거나 특별한 날짜를 기억하기에 편리했다.

다음 그림은 결승법으로 곡식의 양을 표시한 것인데, 2가지 종류의 끈을 사용하여 매듭을 했다. 색깔이 다른 끈으로 묶어 5를 나타내고, 사이에 1번씩 매듭을 만들어서 단위가 다르다는 것을 나타냈다.

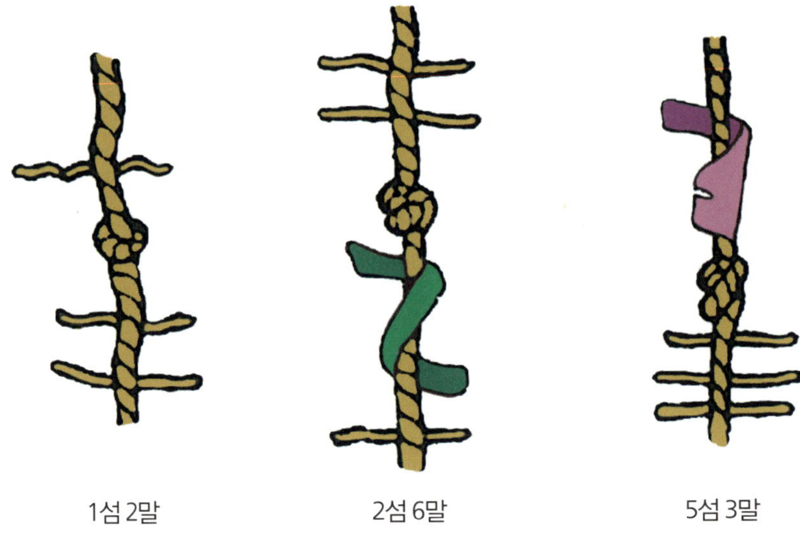

1섬 2말　　2섬 6말　　5섬 3말

다른 나라 사람들은 숫자를 어떻게 썼을까?

우리는 지금 1, 2, 3…… 으로 표기하는 아라비아 숫자를 쓰고 있다. 세계 공통 숫자인 아라비아 숫자는 15~16세기 때 인도에서 발명되었지만, 아라비아를 거쳐 유럽으로 전해지면서 이런 이름이 붙게 되었다.

하지만 옛날에는 나라마다, 민족마다 숫자가 달랐다. 이집트 사람들은 산가지와 비슷한 모양으로 수를 나타냈고 바빌로니아 사람들은 ▼모양을 1개씩 더하면서 수를 나타냈다. 또 13세기 이전의 유럽에서는 I, II, III, IV, V, VI, VII, VIII, IX, X, XI, XII…… 같은 로마 숫자를 썼다. X는 10을 나타내고, L은 50, C는 100을 나타냈다. 327을 로마 숫자로 표기하면 CCCXXVII이 된다.

아라비아 숫자를 쓰기 이전 세계 여러 나라의 숫자

<table>
<tr><th>숫자
나라명</th><th>1</th><th>2</th><th>3</th><th>4</th><th>5</th><th>6</th><th>7</th><th>8</th><th>9</th><th>10</th></tr>
<tr><td>이집트</td><td>|</td><td>||</td><td>|||</td><td>||||</td><td>|||
	</td><td>		
		</td><td>			
		</td><td>			
			</td><td>		
		</td><td>∩</td></tr>
<tr><td>바빌로니아</td><td>▼</td><td>▼▼</td><td>▼▼▼</td><td>▼▼▼
▼</td><td>▼▼▼
▼▼</td><td>▼▼▼
▼▼▼</td><td>▼▼▼
▼▼▼
▼</td><td>▼▼▼
▼▼▼
▼▼</td><td>▼▼▼
▼▼▼
▼▼▼</td><td>◀</td></tr>
<tr><td>마야</td><td>•</td><td>••</td><td>•••</td><td>••••</td><td>—</td><td>•
—</td><td>••
—</td><td>•••
—</td><td>••••
—</td><td>=</td></tr>
<tr><td>아즈텍
(멕시코)</td><td>•</td><td>••</td><td>•••</td><td>••••</td><td>•••••</td><td>•••••|•</td><td>•••••|••</td><td>•••••|•••</td><td>•••••|••••</td><td>◇</td></tr>
<tr><td>그리스</td><td>|</td><td>||</td><td>|||</td><td>||||</td><td>Γ</td><td>Γ|</td><td>Γ||</td><td>Γ|||</td><td>Γ||||</td><td>Δ</td></tr>
<tr><td>로마</td><td>I</td><td>II</td><td>III</td><td>IV</td><td>V</td><td>VI</td><td>VII</td><td>VIII</td><td>IX</td><td>X</td></tr>
<tr><td>중세 유럽</td><td>1</td><td>2</td><td>3</td><td>Ջ</td><td>q</td><td>6</td><td>Λ</td><td>8</td><td>9</td><td>10</td></tr>
</table>

[illegible]見一作五

定位退無差 商除於三定石者今石上定十 商除八上得文首今人上定十

定斛米二百二十九石八升問爲八斗三升法斛幾何

[illegible]二百七十六石

術曰置見斛爲實爲身帶以求身爲伯用[illegible]從[illegible]

位求起言十次身言如是位布之

捻曰見一下十七 見二下三十四 見三下五十一

見四下六十八 見四乙五作五 遇八十三成百

[illegible] 乙五無中 句不明疑可 見五下一百二 見六下百十九

見七下百三十六 見八下百五十二

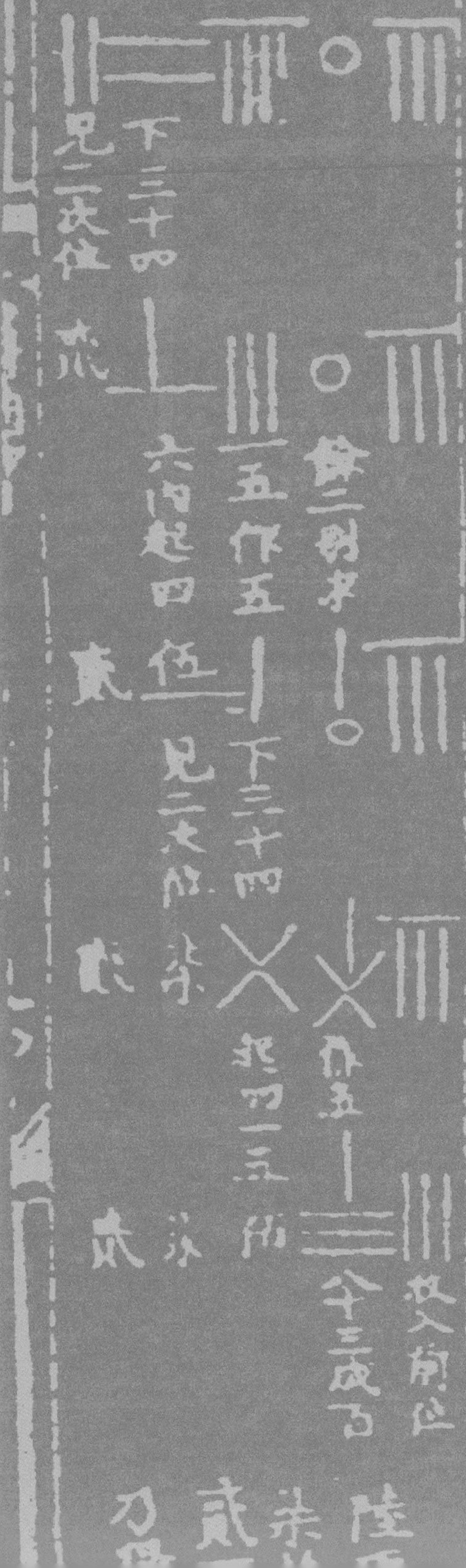

下三十四 見二次位 六內起四位 見二次位 下三十四 五作五

곱셈 계산막대

계산막대는 곱셈을 할 때 사용했다. 막대 하나에 9개의 칸을 나누어 칸마다 비스듬히 금을 긋고 구구단을 적었다. 그런 막대가 2단부터 9단까지 총 8개였다. 계산막대를 사용하는 것을 '주산'이라고 한다. 한자로 막대 '주', 셈 '산'이니까 막대 셈이라는 뜻이다. 계산막대는 전자계산기가 없었던 시대에 오늘날의 전자계산기와 같은 구실을 톡톡히 해냈다.

계산막대로 사과 세기

수돌이는 아버지를 따라 장에 갔습니다. 아버지와 수돌이는 먼저 달걀 꾸러미를 단골 가게에 갖다 주고 나서 장터를 구경하러 다녔습니다.

장터는 언제 보아도 시끌벅적합니다. 김이 모락모락 나는 국수와 쫀득쫀득한 엿, 보기만 해도 군침이 도는 떡을 파는 좌판이 끝도 없이 펼쳐져 있습니다.

여러 가지 생활 도구들을 구경하는 것도 무척 신이 납니다. 이렇게 많은 물건들은 모두 어디에 쓰이는 걸까요? 수돌이는 눈을 요리조리 굴려가며 구경을 하느라 정신이 없었습니다.

아버지는 아까부터 살 게 있는지 두리번두리번거리다가 천막을 친 곳으로 들어갔습니다. 수돌이도 얼른 아버지를 따라 천막 안으로 들어갔습니다. 그곳은 저울이나 자, 되 따위를 파는 가게였습니다. 수돌이는 이것저것 만져 보면서 구경을 했습니다.

"산가지 있소?"

아버지가 주인에게 물었습니다.

"그럼요. 통에 들어 있는 것도 있고, 주머니에 들어 있는 것도 있답니다."

가게 주인은 주머니에 든 산가지를 꺼내 보였습니다. 일정한 길이로 자른 나뭇가지에 옻칠을 한 산가지였습니다.

수돌이는 그 산가지가 마음에 쏙 들었습니다. 아버지도 수돌이와 마음이 통했는지, 주인에게 그걸 사겠다고 했습니다.

"옜다. 이 산가지는 이제 네 것이다."

아버지는 수돌이에게 산가지를 선물했습니다.

산가지를 받은 수돌이의 기분은 날아갈 듯했습니다.

그런데 어디선가 사람들이 다투는 소리가 들려왔습니다. 아버지와 수돌이는 소리 나는 곳으로 가 보았습니다. 과일 가게 앞에 사람들이 몰려 있는데, 두 사람이 옥신각신 다투고 있었습니다.

"아, 글쎄 400개가 틀림없다니까요!"

"400개가 안 돼요. 내가 다 세어 봤다니까요."

"아니, 이 사람이……."

두 사람은 사과가 담긴 꾸러미를 놓고 싸우고 있었습니다.

"그럼, 다시 세어 봅시다."

두 사람은 팔을 걷어붙이고 꾸러미에 들어 있는 사과를 다시 세기 시작했습니다.

"잠깐만요. 이 꾸러미에 든 사과를 세는 겁니까?"

아버지가 물었습니다.

"그렇소."

두 사람은 퉁명스럽게 말했습니다.

"1꾸러미에 사과가 몇 개씩 들어 있습니까?"

"1꾸러미에 24개씩 들었지요."

"모두 똑같이 들어 있습니까?"

"그렇소. 모두 16꾸러미요."

"내가 세어 드리지요."

아버지는 들고 다니는 주머니를 열어 막대를 2개 꺼냈습니다. 막대에는 숫자들이 씌어 있었는데, 아버지는 2개의 막대를 나란히 붙여 놓고 계산을 했습니다.

"사과는 모두 384개입니다."

"그걸 세어 보지도 않고 어떻게 금방 압니까?"

두 사람은 믿기지 않아 했습니다.

"24개씩 들어 있는 꾸러미가 16개 있으니, 24를 16번 곱했지요. 사과는 384개가 틀림없소."

아버지가 차근차근 설명해 주었습니다.

"거봐요. 400개가 되지 않지요."

"하지만 저 사람 말을 어떻게 믿는단 말이오. 다시 세어 봅시다."

두 사람은 여전히 옥신각신했습니다. 아버지는 하는 수 없다는 듯 과일 가게를 나왔습니다.

수돌이는 아버지가 들고 있는 주머니가 몹시 궁금했습니다. 또 어떻게 그렇게 빨리, 사과의 개수를 셀 수 있었는지도 알고 싶었습니다.

"아버지, 아까 그 나무 막대가 뭐예요?"

그러자 아버지는 주머니를 풀어 보여 주었습니다. 주머니 안에는 막대 8개가 들어 있었습니다. 막대에는 숫자들이 가지런히 씌어 있었습니다.

"이 막대들은 무엇에 쓰는 거예요?"

수돌이가 막대들을 만져 보며 물었습니다.

"이건 계산막대라는 거다. 곱셈을 할 때 사용하지."

"여기 적힌 숫자는요?"

"구구단을 적어 놓은 거란다. 자, 잘 보렴. 이 8개의 막대에는 2단부터 9단까지의 구구단이 적혀 있단다."

"어? 정말 그러네요. 이건 2단, 이건 3단……, 이건 9단이에요."

수돌이는 막대에 적힌 숫자들이 신기해 보였습니다.

"이 막대를 사용하면 곱셈을 빨리 할 수 있어요?"

"그럼. 우리 저리로 가서 조금 전에 했던 계산을 다시 해 볼까?"

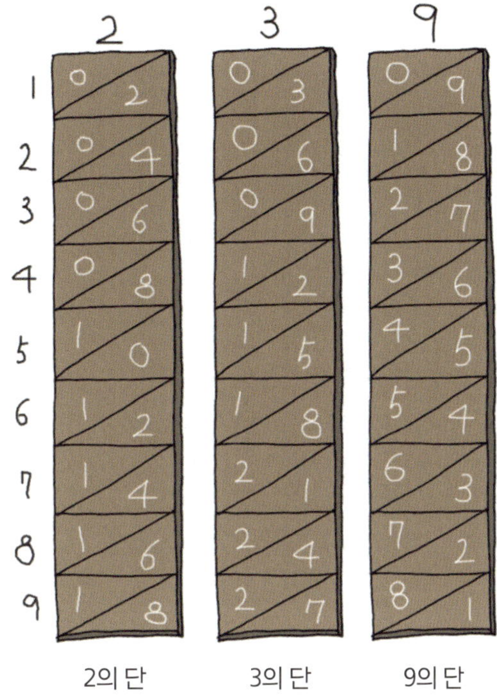

2의 단 3의 단 9의 단

아버지와 수돌이는 시끄러운 장터를 벗어나 돌계단이 있는 곳으로 갔습니다. 아버지는 사과를 셀 때처럼 막대 2개를 꺼냈습니다. 2단이 적힌 막대와 4단이 적힌 막대였습니다. 아버지는 막대 2개를 나란히 붙이고 수돌이에게 말했습니다.

"24에 곱하기를 하기 때문에 2단과 4단만 꺼냈단다. 막대들을 이렇게 나란히 붙이고, 옆에 1부터 9까지 차례대로 번호를 매기지. 그 다음에는 16을 곱할 거니까, 1번과 6번의 수만 따로 떼어서 숫자를 옮겨 적는단다. 이렇게……."

아버지는 땅바닥에 나뭇가지로 숫자를 썼습니다.

"옮겨 쓸 때에는 비스듬하게 긋는 사선이 잘 맞도록 해야 한단다. 그런

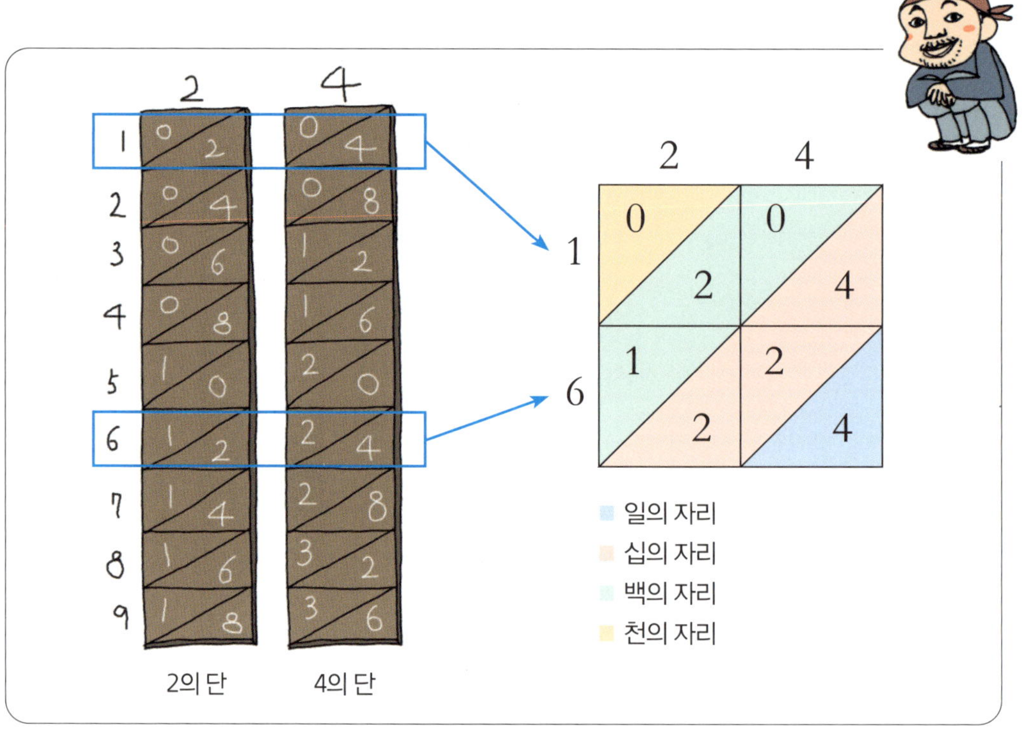

다음에 사선의 맨 오른쪽에서부터 일, 십, 백, 천의 자리를 매기고, 각 자리의 숫자를 더하면 돼."

아버지는 계속 설명해 주며 그림을 그렸습니다.

"자, 이제 준비가 되었으니 맨 오른쪽 자리부터 계산을 해 볼까?"

- 일의 자리 : 4
- 십의 자리 : 4+2+2 = 8
- 백의 자리 : 0+2+1 = 3
- 천의 자리 : 0

"아버지, 일의 자리는 4밖에 없어요."

"그럼 일의 자리는 4가 되겠구나. 그 다음 십의 자리는 4, 2, 2가 있으니, 모두 더하면 얼마지?"

"8이요."

"그렇지. 그래서 십의 자리는 8이 되는 거야. 또 백의 자리는 2, 1이니까 합하면 3이네. 그 다음 천의 자리는 0이고 말이야. 이제 윗자리부터 읽어 보겠니?"

"네, 3백 8십 4요."

"맞았다."

"와아! 정말 곱셈이 금방 되는데요. 너무 재미있어요."

"그럼, 이제 장을 마저 보고 집에 가자꾸나!"

아버지와 수돌이는 콩을 1자루 사 가지고 집으로 발길을 돌렸습니다.

구구단

중국이나 우리나라에도 옛날부터 구구단이 있었다. 특이한 점은 2단부터 외우지 않고, 9단부터 외웠다는 것이다. 외울 때 "구구 팔십 일"부터 시작하여 "구팔 칠십 이", "구칠 육십 삼"처럼 거꾸로 외웠다고 한다.

계산막대로 곱셈도 척척

집에 돌아온 아버지는 사 온 콩 자루를 곳간에 갖다 놓고 손을 씻으러 우물가로 갔습니다. 수돌이는 계산막대로 곱셈을 더 해 보고 싶어서 아버지를 졸졸 따라다녔습니다.

드디어 아버지가 주머니에서 계산막대를 꺼냈습니다.

"자, 이걸로 무슨 곱셈을 해 볼까?"

"아버지, 이 계산막대로 무슨 곱셈이든지 다 할 수 있는 거예요?"

"그렇단다. 우리 832 곱하기 47을 해 볼까?"

"네, 어서 해 봐요."

수돌이는 빨리 계산막대로 곱셈을 해 보고 싶었습니다.

"수돌아, 832 곱하기 47을 하려면 어떤 막대가 필요하겠니?"

"어? 아까는 두 자리였는데, 832면 세 자리네요. 그럼 8단, 3단, 2단 막대 3개가 필요한가요?"

"그렇지. 이렇게 8단과 3단, 2단의 계산막대를 준비해 보자."

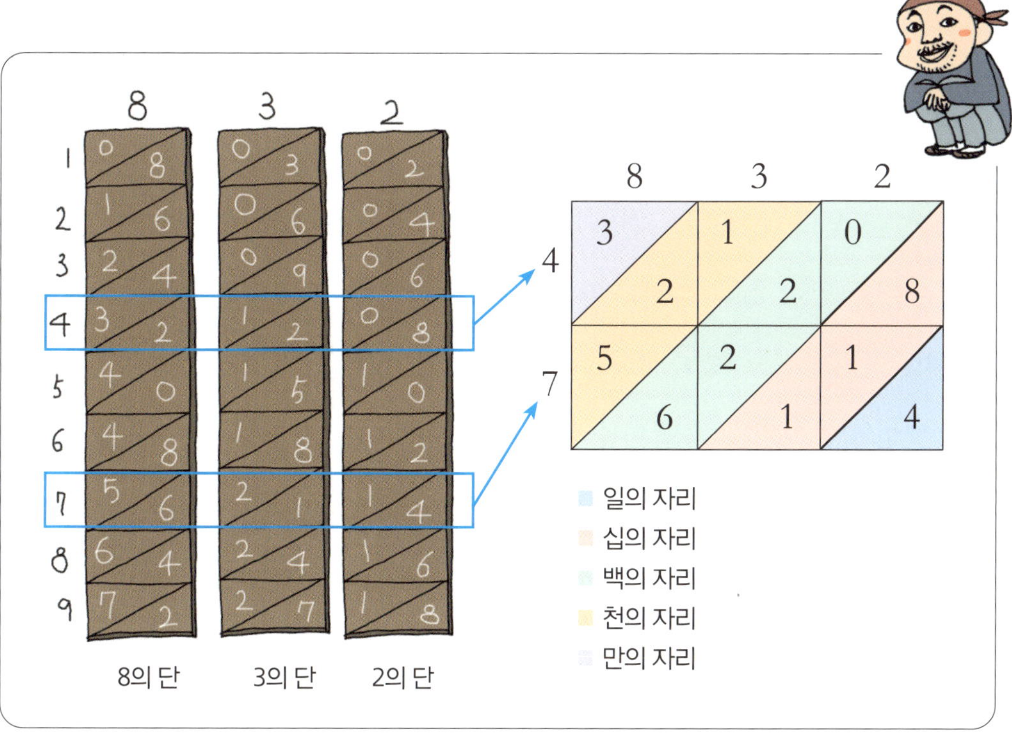

아버지는 막대 3개를 나란히 마룻바닥에 놓고, 나머지 막대들은 주머니에 도로 넣었습니다.

"그럼, 47을 곱하니까 번호가 4와 7이 되는 것을 찾아야지요?"

“그래, 여기가 4번째이고, 여기는 7번째가 되는구나.”

아버지는 막대에 표시를 하고는 종이에 옮겨 적었습니다. 직사각형 모양을 그리고, 6개의 칸과 사선을 만들어 그 안에 숫자를 써넣었습니다.

“이렇게 옮겨 쓸 때에는 사선이 잘 맞도록 해야 한단다.”

“네. 그럼 여기는 일의 자리이고, 여기는 십, 백, 천, 그리고 만의 자리네요.”

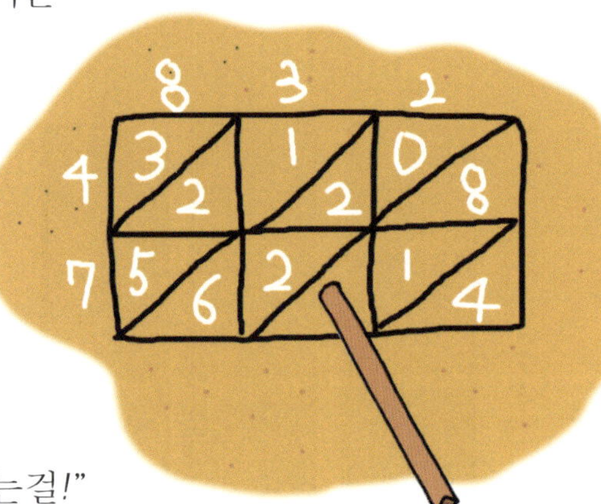

수돌이가 손가락으로 사선의 맨 오른쪽부터 일, 십, 백, 천, 만의 자리를 짚어 가며 대답하자, 아버지는 매우 흐뭇해했습니다.

“우리 수돌이가 곱셈도 아주 잘하겠는걸!”

“아버지, 이제 각 자리의 숫자들을 더하면 되는 거죠?”

“그렇지. 일의 자리부터 더해 보자꾸나.”

“일의 자리는 4예요. 그리고 십의 자리는 8, 1, 1이니까 더하면 10이 돼요.”

“그럼 백의 자리로 1을 올려 줘야겠지? 그리고 백의 자리는 0, 2, 2, 6이 되니까…….”

“네, 더하면 10이 되고, 올려 받은 1까지 더하면 11이 돼요.”

“천의 자리로 1을 올려 주면, 비어 있던 백의 자리는 1이 되는구나.”

“천의 자리는 1, 2, 5를 더해서 8이고, 올려 받은 1을 더하면 9예요. 그리고 만의 자리는 3이에요.”

“자, 그럼 이제 정리를 해 보자. 만의 자리는 3, 천의 자리는 9, 백의 자리는 1, 십의 자리는 0, 일의 자리는 4가 되는구나.”

“네. 그러면 39104네요.”

수돌이는 단번에 나온 답을 읽었습니다.

“와아! 정말 곱셈이 금방 돼요.”

수돌이는 계산막대로 곱셈을 할 수 있다는 것이 신기하기만 했습니다.

- 일의 자리 : 4
- 십의 자리 : 8+1+1 = 10 : 0
- 백의 자리 : 0+2+2+6+(1) = 11 : 1
  ↑ 십의 자리에서 받아 올린 수
- 천의 자리 : 1+2+5+(1) = 9
  ↑ 백의 자리에서 받아 올린 수
- 만의 자리 : 3

“아버지, 이번엔 832에 62를 곱해 봐요.”

“그럴까? 그럼 8단, 3단, 2단을 나란히 붙여 놓는 것은 같단다. 여기서

6번째와 2번째를 표시한 뒤 옮겨 쓰면……."

아버지는 계산막대의 숫자들을 종이에 옮겨 썼습니다.

"아버지, 제가 해 볼게요. 일의 자리는 4이고, 십의 자리는 2, 0, 6을 더하면 8이 돼요. 백의 자리 1, 8, 0, 6을 더하면 15가 되니까, 천의 자리로 1을 올려 줘요. 천의 자리는 1, 8, 1에다 올려 받은 1을 더하면 11이 되니까, 1을 다음 자리로 올려 주고요. 끝으로 만의 자리는 4에 1을 더해 5가 됐어요."

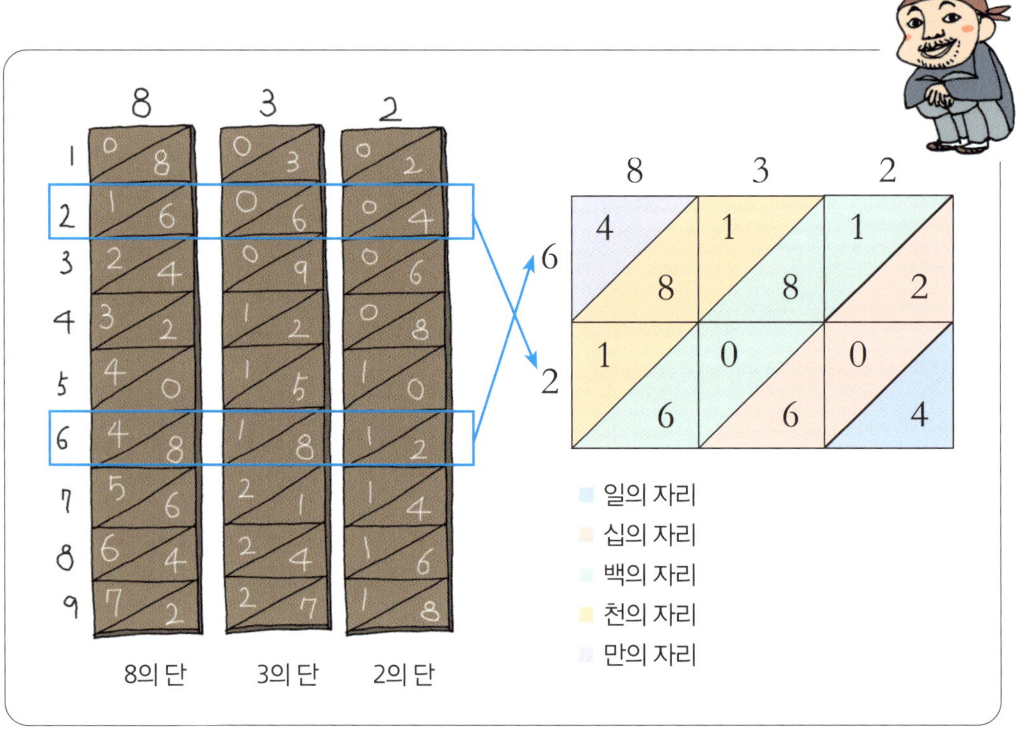

일의 자리 : 4

십의 자리 : 2+0+6 = 8

- 백의 자리 : 1+8+0+6 = 15 : 5
- 천의 자리 : 1+8+1+(1) = 11 : 1

  ↑ 백의 자리에서 받아 올린 수

- 만의 자리 : 4+(1) = 5

  ↑ 천의 자리에서 받아 올린 수

"아주 잘했어. 이제 정리를 해 보자. 만의 자리는 5, 천의 자리는 1, 백의 자리는 5, 십의 자리는 8, 일의 자리는 4가 되는구나."

"51584예요. 832 곱하기 62는 51584가 돼요."

"그래, 우리 수돌이가 산학을 제법 잘하겠어!"

"아버지, 저 산학 공부를 해 보고 싶어요."

산가지셈과 계산막대로 셈을 잘하게 되자, 수돌이는 산학 공부를 본격적으로 하고 싶어졌습니다.

계산막대는 지금 국립민속박물관에 보존되어 있습니다.
계산막대로 셈하는 것을 '주산'이라고 합니다. 한자로 풀이하면 막대 '주', 셈 '산'이니까 막대 셈이라는 뜻이지요. 계산막대는 오늘날의 전자계산기 같은 구실을 톡톡히 했답니다.

연습문제

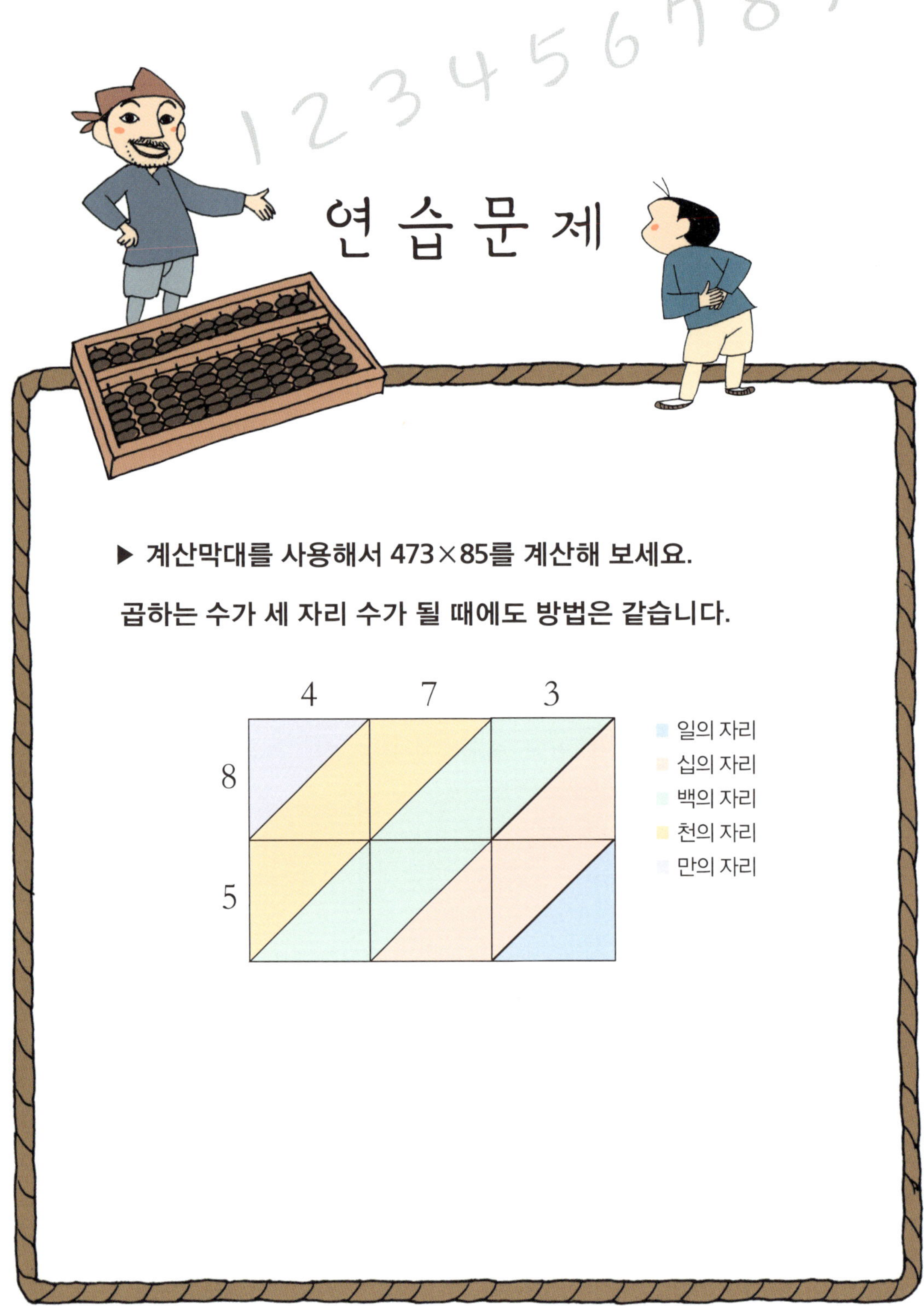

▶ **계산막대를 사용해서 473×85를 계산해 보세요.**

곱하는 수가 세 자리 수가 될 때에도 방법은 같습니다.

정답 : 40205

옛날에는 어떤 단위들을 썼을까?

물건을 세거나 길이, 넓이, 부피, 무게를 잴 때 쓰이는 우리 고유의 단위가 있었다. 하지만 그 단위들은 지금 거의 쓰이지 않고, 요즘 우리가 쓰는 단위는 대부분 서양에서 들어왔다.

물건을 세는 단위

꾸러미 : 달걀을 짚으로 길게 묶어 사이사이를 동여맨 것

달걀 1꾸러미 = 달걀 10개

㉮ 달걀 7꾸러미는 달걀 70개

동 : '묶음'을 세는 단위

1동 = 10짐

바리 : 말이나 소의 등에 가득 실은 짐을 세는 단위

㉮ 물건을 '바리바리' 싣는다는 것은 말이나 소의 등에 짐을 가득 싣는다는 뜻을 가지고 있다.

그밖의 단위들 : 개, 자루, 권, 필, 단, 접

㉮ 먹 10정, 붓 10자루, 백지 100권, 옷감 50필, 볏짚 100단, 곶감 100접. 이것들은 모두 1동과 같다.

 길이, 거리를 나타내는 단위

자(척), 치, 필, 장 : 옷감이나 물건의 길이를 나타내는 단위

1필 = 4장 = 40자(척)

1장 = 10자(척), 1자(척) = 10치 = 30.303cm

㉮ 비단 5필, 세 치 혀

자(척)

보, 리 : 논이나 밭 등 땅의 길이와 거리를 나타내는 단위

1리 = 0.392km(약 0.4km) = 300보, 1보 = 1.5m

㉮ 10리는 약 4km

 넓이의 단위

무, 이랑, 평, 정 등 : 논이나 밭 등 땅의 넓이를 나타내는 단위

1무(1이랑) = 240보

1평(1보) = 약 3.306㎡(땅의 넓이를 말할 때에는 보^2 또는 제곱보라고 하지 않고 길이 단위인 보를 함께 썼음.)

1정 = 3000평

1섬지기 = 10마지기

1마지기 = 10되지기(논은 약 150~300평, 밭은 약 100~300평)

1마지기란 1말의 곡식이나 씨앗을 뿌려서 거둘 수 있는 논과 밭의 넓이를 말한다. 1되지기는 볍씨 1되로 모를 낼 수 있는 논의 넓이와 씨 1되를 뿌릴 수 있는 밭의 넓이이다. 그런데 씨를 뿌릴 때에 토질이 좋은 땅은 촘촘하게 씨를 뿌릴 수 있어서 넓이가 좀 작아도 되지만, 토질이 나쁜 땅은 듬성듬성 씨를 뿌릴 수밖에 없기 때문에 땅이 더 넓어야 한다. 그렇기 때문에 1마지기는 토질에 따라 넓이가 달라진다. 논 1마지기는 약 150~300평 정도이며, 밭 1마지기는 약 100~300평 정도이다.

무게와 부피의 단위

석, 섬, 말, 되, 홉(부피) : 주로 곡식이나 가루, 액체 등을 담는 단위

1섬 = 10말, 1말 = 10되, 1되 = 10홉, 1홉은 약 180ml

냥, 돈 : 금, 은 등 귀금속이나 한약재의 무게 단위

1냥 = 10돈, 1돈 = 10푼

관, 근(무게) : 물건의 무게 단위

1관 = 10근

섬은 곡식을 담기 위해 짚을 엮어 만든 것이다.
근은 저울로 다는 무게의 단위이다. 1근의 무게는 고기나 한약재를 잴 때에는 600g이고, 과일이나 채소를 잴 때에는 375g이다.

무게와 부피를 잴 때 사용했던 되, 말, 홉 등의 도구

見一作五

定位退無差商除商除於二定而著今石上定十除八上得丈皆今人上定十

定斛米二百二十九石八升制為八斗三升法斛幾何

答曰二百七十六石

術曰置足斛為實為身常以求身為伯用[illegible]從官

位求起首十次身首如退位布之

捎曰見一下十七 見二下三十四 見三下五十一

見四下六十八 見四乙五作五 遇八十三成百

[illegible] 見五下一百二 見六下百十九

見七下百三十六 見八下百五十三

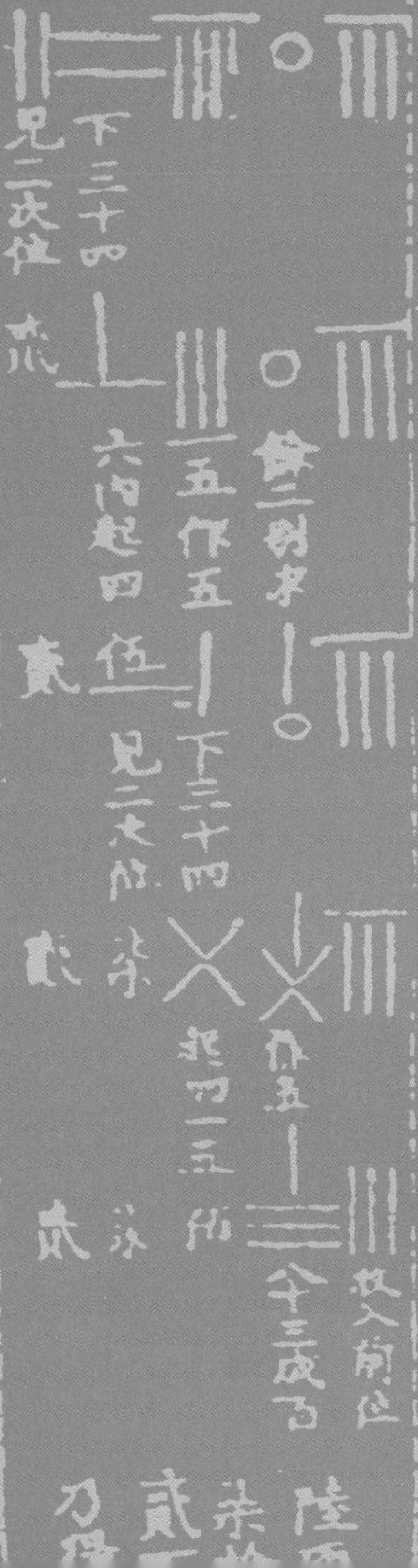

○ 餘三斛者 ○ 收入前位

五作五 下三十四 餘四一五 作

下三十四 六百起四位 見二次位

見二次位

원주율 이야기

원주율은 왜 필요할까? 넓이를 재려고 할 때 네모반듯한 땅만 있는 것은 아니다. 네모난 모양도 있지만, 둥근 모양의 땅도 있다. 이런 둥근 모양의 땅 넓이를 재기 위해 원주율은 반드시 필요하다. 원주율 π는 3.14이다. 우리나라는 삼국시대부터 원주율 값(π)을 썼는데, 원주율을 자세하게 소수점 아래 7번째 자리까지 쓴 책도 있지만 대개는 3으로 하여 계산했다.

콩을 얼마나 심을까요?

오늘은 콩을 심는 날입니다. 아버지는 이른 아침부터 밭에 나가 있습니다.

"아버지, 점심 드세요."

점심때가 되자 수돌이는 아버지를 찾아 밭으로 뛰어갔습니다. 아버지는 이제 콩 반 자루를 남겨 놓고 있었습 니다.

"다 심으려면 아직 멀었어요?"

"콩 1말은 언덕 위에 있는 밭에 심었고, 이제 이 밭에 심어야겠는데 2말이면 될지……. 원, 어림잡을 수가 있어야지."

"언덕 위의 밭이 이곳보다 훨씬 작네요."

“그래. 그런데 언덕 위의 밭은 네모나고, 여기는 둥근 모양이니 계산이 복잡하구나.”

“아버지, 잠깐 기다려 보세요.”

수돌이는 아버지의 대답을 듣기도 전에 언덕 위쪽으로 달려갔습니다. 그리고 밭을 가로로 먼저 걸어 보았습니다. 10걸음이었습니다. 다음엔 세로로 걸어 보았습니다. 똑같이 10걸음이었습니다. 밭은 가로와 세로의 길이가 똑같은 정사각형 모양이었습니다.

“아버지, 가로와 세로가 똑같이 10걸음씩이에요.”

수돌이가 언덕 아래로 뛰어 내려오면서 소리쳤습니다. 그러나 아버지는 언덕 아래 둥근 모양의 밭을 걸으며 중얼거렸습니다.

"아무래도 2배는 더 되어 보인단 말이야."

수돌이는 둥근 밭의 지름을 재 보기 위해 밭을 가로질러 걸어 보았습니다.

"몇 걸음이냐?"

"20걸음이에요."

"그래? 그럼 언덕 위의 밭보다 콩을 2배 더 심으면 되겠구나."

"아니에요, 아버지."

"저쪽은 10걸음이고, 이쪽은 20걸음이니 딱 2배가 되지 않느냐?"

"아버지, 이 둥근 밭은 콩 3말이 필요해요."

수돌이는 어떻게 풀었을까요?

가로와 세로 길이가 똑같은 네모난 모양의 밭 넓이와 둥근 모양의 밭 넓이는, 각각 정사각형과 원의 넓이를 구하면 알 수 있습니다.

네모난 모양의 밭 넓이 :

정사각형의 넓이 = 가로×세로

= 10보(걸음)×10보(걸음)

= 100보(걸음)

둥근 모양의 밭 넓이 : (지름이 20걸음이니까, 반지름은 10걸음)

원의 넓이 = 반지름×반지름×원주율(π=3)

= 10보(걸음)×10보(걸음)×3

= 300보(걸음)

옛날에는 원주율을 3으로 계산했습니다. 우리나라는 삼국시대부터 원주율(π)을 썼는데, 원주율을 자세하게 소수점 아래 7번째 자리까지 쓴 책도 있지만 대개는 3으로 쳐서 계산했습니다. 수돌이는 원주율을 3으로 해서 계산을 했기 때문에 밭 넓이가 300보(걸음)로 나온 거지요.

"그렇게나 많이? 이상하게 위쪽 밭보다 훨씬 커 보인다 했더니. 아무튼 지금은 2말밖에 없으니 콩을 더 가져와야겠구나."

수돌이도 이제는 아버지 못지않게 계산을 잘합니다. 산가지셈을 배운 다음부터 산학 공부를 열심히 하고 있거든요. 틈만 있으면 산학 책을 봐서인지 이제 원의 넓이를 구하는 문제쯤은 식은 죽 먹기랍니다.

어른들의 한 걸음은 약 1.5m로 '보'라고 부릅니다. 그래서 100걸음은 100보가 됩니다. 넓이일 때에는 제곱보(보^2)라고 써야 하지만 옛날에는 구분하지 않고 길이와 마찬가지로 '보'라고 했습니다. 언덕 위쪽의 정사각형 모양 밭에는 1말의 콩을 심었으니 1마지기라고 합니다. 그리고 언덕 아래 원 모양 밭에는 3말의 콩을 심어야 하기 때문에 3마지기라고 할 수 있지요.

앞에서 알아보았듯, 1말의 곡식이나 씨앗을 뿌릴 수 있는 땅을 1마지기라고 합니다.

둥근 통에는 현미가 얼마나 들어갈까요?

수돌이는 풀을 한가득 담은 망태기를 안고 뒷마당으로 갔습니다. 수돌이는 요새 토끼를 키웁니다. 수돌이가 풀을 안고 뒷마당으로 들어서자, 토끼들이 눈을 동그랗게 뜨고 반깁니다. 수돌이는 풀을 한 줌씩 집어서 토끼장에 넣어 주었습니다.

"수돌아, 수돌아!"

곳간에서 아버지가 부르는 소리가 들렸습니다. 수돌이는 남은 풀을 모두 토끼장에 넣어 주고, 아버지에게 뛰어갔습니다.

"아버지, 부르셨어요?"

"오냐. 뒷마당 창고에 가면 곡식 담는 데 쓰는 통이 있지? 그것 좀 가져오

너라."

"네."

수돌이는 다시 뒷마당으로 갔습니다. 삽사리가 수돌이의 뒤를 따라왔습니다. 오리들도 뒤뚱거리며 따라왔습니다. 수돌이는 창고에서 통을 꺼내 들고 다시 곳간으로 갔습니다.

"아버지, 여기 가져왔어요."

수돌이가 가져온 통은 가로, 세로, 높이가 모두 같은 정육면체였습니다.

"이 통은 1말도 더 되겠는데요."

통을 이리저리 살펴보며 수돌이가 말했습니다.

"그래. 각 변이 모두 1척(자)이니까 1입방척이 되는 통이란다."

1입방척은 1척×1척×1척 = $1척^3$

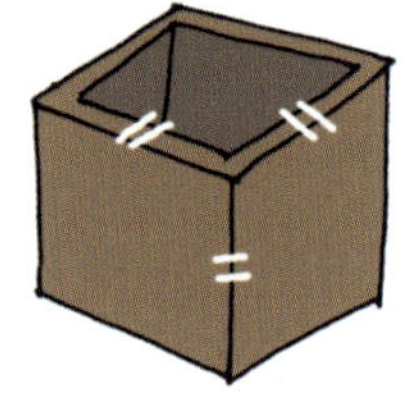

"이걸로 무얼 하시게요?"

"이 통은 큼직해서 퍼 담기 좋아. 1말 반은 들어가거든. 여기저기 남은 현미를 이걸로 퍼서 둥근 통에 모두 합치려고 한단다."

아버지는 정육면체 통에 현미를 가득 담아서 커다란 원통에 다시 부었습니다. 원기둥 모양의 통은 높이가 수돌이 키보다도 높았습니다. 그래서 아버지는 현미를 그 원통에 붓기 위해 통을 번쩍 들어 올려야만 했습니다.

"아버지, 너무 힘드시겠어요. 시간도 오래 걸리고요. 다른 좋은 방법이 없을까요?"

"이렇게 옮겨 담는 수밖에 없구나."

"원통의 부피가 얼마나 되는데요?"

"그걸 모르기 때문에 이렇게 정육면체 통으로 세면서 옮기는 거란다. 이 큰 원통에 몇 섬이 들어가는지 알고 있다면 가마니와 자루에 남은 것들을 그냥 부어 버리면 되는데……."

"아버지, 제가 부피를 재어 볼게요."

수돌이는 먼저 원통의 밑면을 자로 쟀습니다. 원통 밑면의 지름이 2척이고, 높이는 5척이었습니다.

수돌이는 어떻게 풀었을까요?

원통의 부피는 원기둥의 부피를 구하는 것과 같습니다.

원통의 부피 = 밑면(원)의 넓이 × 높이

= (반지름 × 반지름 × 원주율) × 높이

= (1척 × 1척 × 3) × 5척 = 15입방척(척^3)

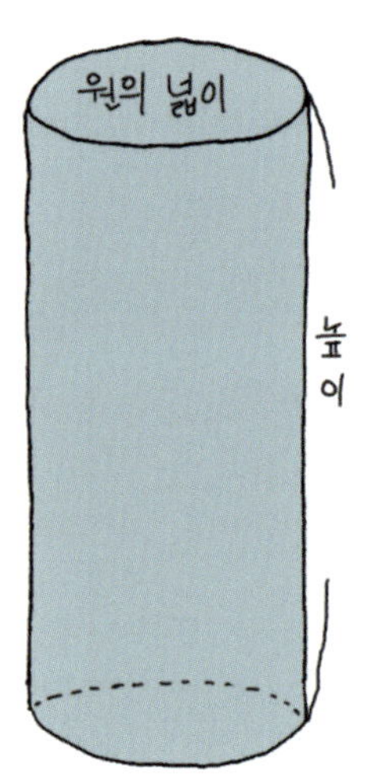

"아버지, 원통의 부피는 15입방척이에요. 그러니까 이 정육면체 통으로 원통을 가득 채우려면 15번은 해야 돼요. 그리고 1입방척은 약 1말 반이니까, 15입방척이면 현미가 22.5말은 들어가겠는데요."

"그럼 2섬도 넘겠구나."

수돌이와 아버지는 함께 현미가 든 자루를 번쩍 들어 그대로 원통에 쏟아 부었습니다. 다른 자루도 그렇게 올려 쏟아 부었습니다.

원주율의 끝은 있을까?

 원주율 π의 값은?

지름에 따라 원의 둘레는 다르다. 지름이 크면 원의 둘레도 커지고, 지름이 작아지면 원의 둘레도 작아진다. 이렇듯 원의 둘레는 지름에 비례하고, 그 값이 일정한 것을 우리는 '원주율'이라고 부른다.

다시 말해 원주율이란, 한 원의 둘레와 지름의 비이다. 이 값은 원의 넓이를 구하는 계산에도 쓰이고, 구의 겉넓이와 부피를 구하는 데도 필요하다.

원주율 π값은 3.14이다. 원주율이 3.14라는 것은 원의 둘레가 지름의 3.14배가 된다는 뜻이다. 정확한 π값을 구하려면 소수점 아래로 수가 그 끝을 알 수 없을 정도로 계속 되는데, 이런 수를 무리수라고 부른다.

원의 둘레 = 원의 지름×3.14

 그림과 같이 지름이 1이면 원주(원의 둘레)는 3.14이다. 그래서 원의 둘레를 구하는 식은 '지름×3.14'가 된다. 이것은 원의 크기와 상관없이 언제나 똑같다. 이것을 수학기호로 π(파이)라고 쓴다. π는 그리스말로 '둘레'라는 단어의 첫 글자이다. 그런데 지금 우리가 쓰고 있는 3.14라는 π값은 정확한 값이 아니다. 3.14라는 수는 어림잡아 정한 수에 지나지 않고, 사실은 아직도 π의 정확한 값을 모른다.

옛날 우리나라에서는 원주율을 3으로 계산했다. 옛날 수학 책《구장산술》을 보면, 원의 넓이와 구의 부피 등을 계산할 때 원주율을 3으로 하여 계산했음을 알 수 있다.

하지만 원주율을 보다 정확하게 계산한 경우도 있었다. 삼국시대 수학 책《철술》에서는 π값을 3.1415926보다 크고 3.1415927보다 적다고 정의했다. 또, 조선 시대 천문학 책《칠정산》(1442년)에서도 π값을 소수점 아래 5자리까지 계산했다.

조선 후기 수학자 남병길(1820~1869)은 1867년에 쓴《산학정의》라는 수학 책에서 원의 넓이를 구할 때 π값을 소수점 아래 10자리까지 계산하기도 했다. 그러나 실학자 홍대용은 실용적으로 계산하기 위해《주해수용》이라는 책에서 π값을 3으로 하여 계산했다.

원주율 π를 구하기 위하여

예로부터 많은 수학자들이 정확한 π값을 구하려고 애썼다. 어떤 수학자는 평생 원주율을 구하는 계산에만 매달리기도 했다. 이런 수학자들의 노력에 의해 π값은 점점 더 정확해졌다.

그리스 수학자 아르키메데스는 π가 $\frac{223}{71}$($3\frac{10}{71}$)과 $\frac{22}{7}$($3\frac{1}{7}$) 사이에 있다는 사실을 밝혀냈다. 5세기 중국의 수학자 조충지는 π를 3.1415926과 3.1415927 사이로 정확하게 계산했다.

15세기 이후 유럽에서는 과학 기술이 발전하면서 원주율도 더욱 정확해졌다. 독일의 수학자 루돌프는 π를 소수점 아래 35자리까지 구했고, 프랑스 수학자 프랑수아 비에트는 π가 끝이 없는 소수라고 했다. 영국의 러더포드는 소수점 아래 400자리까지, 생크스는 소수점 아래 707자리까지 구했다. 생크스가 이 π값을 구하는 데는 무려 15년이나 걸렸다.

 컴퓨터로 원주율을 계산한다면 얼마나 걸릴까?

전자계산기가 발명되어 원주율 계산에 쓰이면서 π의 소수점 아래 자릿수는 더욱 늘어났다. 1967년 프랑스의 기요드와 디샹프는 소수점 아래 50만 자리까지의 π값을 전자계산기로 찾아냈다. 이걸 계산하는 시간만도 무려 250일이나 걸렸다. 1981년 일본의 마요시와 나카야마는 컴퓨터를 이용하여 소수점 아래 200만 자리가 넘게 π를 계산했다. 앞으로도 π값을 구하려는 사람들의 노력은 끝이 없을 것이다.

言[illegible]見一作五

之位退無差商除於三定石者今石上定十 商除人上得丈首合人上定十

之斛米二百二十九石八升問爲八斗三升法斛幾何

[illegible]二百七十六石

術曰置足斛爲實爲身帛以求身爲伯用[illegible]從實

位求起言十次身亩如是位布之

抟曰見一下十七 見二下三十四 見三下五十一

見四下六十八 見四乙五作五 過八十三成百

四四 句乙不元明斛中求可 見五下一百二 見六下百十九

見七下百三十六 見八下百五十二

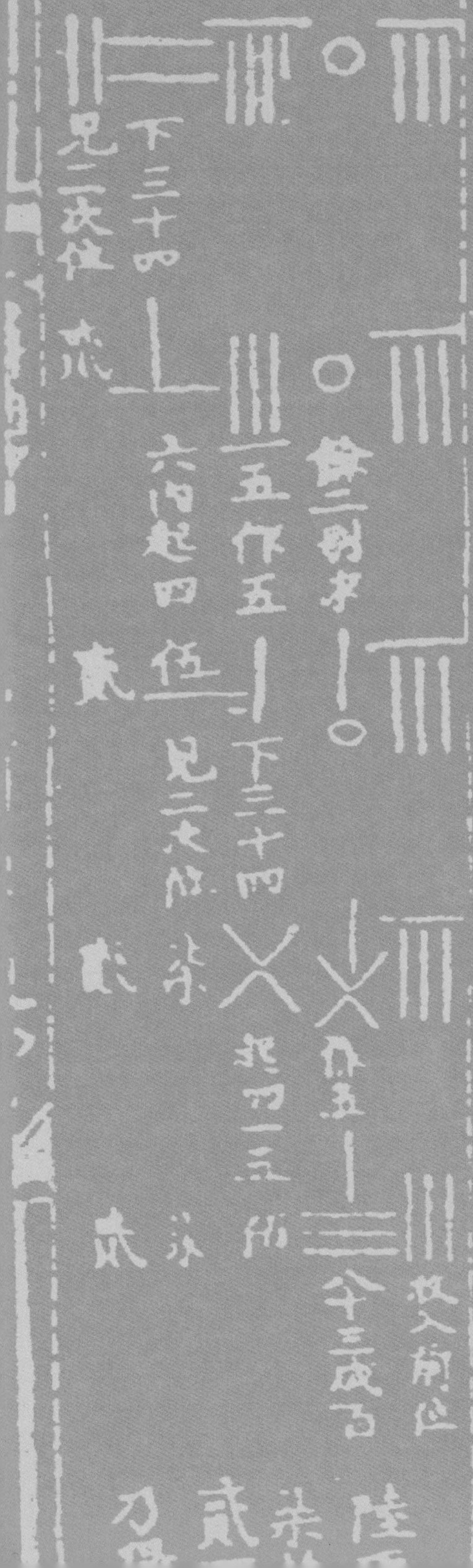

收入前位

○ 餘三斛為 ○ 作五 合千三成石

五作五 下三十四 起四一五 作

六内起四位 見二次位 求 求

下三十四

見二次位 求 貳 貳 貳

陸 柒 貳 刀

산사가 될 테야

산사란 산학 과거에 합격해서 세금을 걷고 회계를 맡아 보는 사람을 말한다. 또 학생들에게 산학을 가르치는 일도 산사의 일이었다. 우리나라에는 삼국시대부터 산학 제도가 있었다. 물론 중국의 영향을 많이 받기도 했지만 이후 통일신라, 고려, 조선 시대까지 내려오면서 꾸준히 정착해 세종대왕 때에는 우리나라 사정에 맞는 산학 제도를 만들어 운영했다.

산학 공부를 하고 싶어요

"아버지, 저 산사가 되고 싶어요."

수돌이가 아버지에게 말했습니다.

"그 어려운 산학 과거에 붙을 수 있겠니?"

"한번 해 보고 싶어요. 아니 꼭 붙을게요, 아버지!"

"네 생각이 정 그렇다면 해 보아라. 네 할아버지께서도 좋아하시겠구나."

수돌이의 할아버지는 산사였습니다. 산사란 산학 과거에 합격한 다음, 세금을 거둬들이고 그 내용을 기록하는 일을 맡아 보는 사람을 말합니다.

수돌이 아버지도 어려서부터 산학 공부를 했지만, 산학 과거에는 붙지 못했습니다. 산사는 많이 뽑지 않기 때문에 붙기가 무척 어렵습니다. 과거에 계속 떨어지자, 아버지는 산사가 되는 걸 포기하고 농사를 지었습니다.

"내가 산학 공부를 했다만, 네게 큰 도움이 되지는 못하겠구나. 공부를 한 지 워낙 오래 돼서 말이야. 그러니 박 산사를 한번 찾아가 보아라."

"네, 알겠습니다."

다음 날 아침, 수돌이는 관아에 있는 박 산사를 찾아갔습니다.

"그래, 산사가 되고 싶다고? 공부하기가 쉽지는 않을 거다."

"그래도 열심히 하겠습니다."

수돌이는 다부지게 말했습니다.

"마음을 굳게 먹고 노력한다면 불가능한 일도 아니니, 한번 도전해 보는 것도 좋지. 요즘은 산사를 많이 뽑고 있거든. 너희 집안이 원래 산사 집안이었으니 어려서부터 산학은 많이 접했겠구나."

임진왜란 뒤에는 전쟁 때문에 농사를 지을 수 있는 토지가 많이 줄어들고 거둬들이는 곡식의 양도 많이 줄었습니다. 그때의 토지대장에 기록된 것을 보면, 전쟁이 일어나기 전과 끝난 뒤의 토지 넓이가 3배나 차이가 날 정도였습니다. 그래서 정확하게 토지를 측량하기 위해 산사가 많이 필요했습니다.

"《구장산술》을 열심히 공부하면 산학 과거에 합격할 수 있을까요?"

수돌이가 박 산사에게 조심스럽게 물었습니다.

"그래.《구장산술》은 산학의 기본 교과서라고 할 수 있지. 전체 9장을 모두 외워야 할 거다."

"네, 명심하겠습니다."

"그리고 요즘은 다른 책들도 많이 봐야 해. 특히《상명산법》과《양휘산법》,《산학계몽》은 반드시 공부해야 한단다."

박 산사는 책장에서《상명산법》을 꺼내 수돌이에게 주었습니다.

"먼저 이 책부터 보렴.《상명산법》이 좀 쉬울 거야. 이 책을 끝내고 나서《구장산술》을 공부하면 될 거다."

수돌이는 박 산사가 주는 책을 공손히 받았습니다.

"참, 산생 제도가 있으니 먼저 그 시험부터 보거라. 네 실력 정도면 산생이 될 수 있을 게다. 산생이 되어 산학교수에게 수업을 받으면 산학 시험에 합격하기가 더 쉽단다."

자기 실력 정도면 산생이 될 수 있다는 박 산사의 말을 듣고 수돌이는 무척 기뻤습니다. 산생이란 산학 공부를 하는 학생을 말하는데, 요즘으로 말하면 대학교의 수학과 학생과 비슷합니다.

"좋은 말씀 해 주셔서 고맙습니다. 열심히 공부해서 산학 시험에 꼭 붙겠습니다."

"그래, 기특하구나. 모르는 게 있으면 또 찾아 오너라."

우리나라에는 산학 제도가 있단다

수돌이는 틈만 나면 박 산사를 찾아가 산학에 대한 것을 물었습니다.

"박 산사님, 산학 제도에 대해 알고 싶어요. 우리나라에는 언제부터 산학이 있었나요?"

"네가 오늘은 산학 문제를 풀고 싶지 않은 모양이구나."

"아니, 꼭 그런 건 아니지만……."

"오냐, 오늘은 산학 제도에 대해 설명해 주마. 우리나라에 산학이 언제부터 있었을 것 같니?"

"글쎄요……, 세종대왕께서 산학을 많이 장려하셔서, 그때는 산생도 많았다면서요?"

"그랬지. 하지만 우리나라에는 세종대왕 때보다 훨씬 전인 삼국시대부터 산학 제도가 있었단다. 그 시대에는 중국의 영향을 많이 받았지만, 그래도 우리나라 사정에 맞는 산학 제도를 운영하고 있었어. 그 뒤 통일신라, 고려, 조선 시대로 내려오면서 조금씩 바뀌기는 했지만, 그 제도는 꾸준히 이어지고 있어."

"그때도 지금처럼《구장산술》로 공부했나요?"

"그럼. 그때도《구장산술》이 기본이었지. 통일신라 시대의 산학 제도를 보면 산학을 얼마나 체계적으로 가르치려고 했는지 잘 알 수 있단다. 그때는 '국학'이라는 학교를 설치해서《철술》*,《삼개》*,《구장》* 등의 산학 책들을 가르쳤어."

"국학이요? 그런 학교가 있었어요? 누가 입학할 수 있었나요?"

수돌이는 박 산사의 이야기에 점점 빠져 들어갔습니다.

"학생은 15세에서 30세 사이인 사람 중에서 뽑았단다. 교육 기간은 보통 9년이었고, 이 과정을 졸업하면 산학과 관련된 관직을 맡게 되었지."

"어휴, 9년씩이나요?"

"너무 길어서? 산생이 되거나 산사가 되더라도 산학 공부는 꾸준히 계속해야 한단다."

"옛날에도 요즘 같은 산학 시험이 있었어요?"

"그럼. 고려 시대에도 국자감*이라는 학교에서 산학을 가르쳤어. 물론 시험을 통과해야만 그 학교에 입학할 수 있었지. 그때의 기본 산학 교과서도 《구장산술》이었어. 고려 시대를 기록한 역사책 《고려사》*를 보면 산학 시험인 명산과에 대한 내용이 있단다. 이것만 보더라도 《구장산술》이 얼마나 중요한 산학 책이었는지를 알 수 있지."

"어떤 기록인데요?"

"이틀 동안 시험을 보았는데 산학 책의 내용을 출제하여 답안을 작성케 했단다. 첫날에는 《구장산술》의 내용을 외워 그 이치를 설명하고, 둘쨋날에는 《철술》의 4조, 《삼개》의 3조를 전부 치르게 했지. 그리고 각 시험관이 출제한 6문제 중에서 4문제를 통과해야 했단다."

"그건 지금과 비슷하잖아요."

"그렇지. 학생들은 6년 정도 국자감에서 산학을 공부했어. 그리고 입학한 뒤 3년이 지나면 과거를 볼 수 있었어."

"지금처럼 잡과*였나요?"

철술 - 삼국시대부터 사용했던 수학 책으로 중요한 기본 교재로 쓰였다.

삼개 - 중국의 수학 책에서 측량술 부분만을 떼어 내 만든 것으로 신라 시대 정식 교육 기관이었던 국학에서 산학 수업 때 가르쳤다.

구장 - 2000년 전부터 있어 온 중국의 수학 책. 《구장산술》을 줄여서 《구장》이라고 했다.

국자감 - 지금의 대학과 비슷한 교육 기관. 통일신라 시대에는 국학, 고려 시대에는 국자감, 조선 시대에는 성균관이 있었다.

고려사 - 조선 초기에 김종서, 정인지 등이 세종의 명을 받고 만든 고려 시대의 역사책.

잡과 - 고려, 조선 시대에 기술직 관리를 뽑기 위한 과거. 천문학, 의학, 산학 등의 과목으로 시험을 보았다.

"그래. 잡과 중에서도 산학 시험을 보는 것을 '명산과'라고 했어. 이런 산학 과거에 합격하면 산학을 더욱 전문적으로 공부할 수 있었고, 비로소 산학과 관련된 관직에서 일할 수 있었어."

"정식으로 산사가 된 거네요?"

"그렇지. 산사들은 주로 세금과 물가를 관리하고 기록하는 일을 했어. 특히 토지를 측량하고, 수확량에 따라 세금을 계산하는 것은 산사들이 맡은 중요한 일이었단다."

"저도 꼭 산사가 되어야 할 텐데……."

"왜, 자신이 없니?"

"그런 건 아니지만, 뽑는 인원이 너무 적어서요. 내년에는 몇 명이나 뽑을까요?"

"글쎄다. 그래도 10명이 넘는 인원을 뽑은 해도 있으니, 너도 부지런히 실력을 쌓으면 잘 될 거다. 세종대왕께서는 산학에 워낙 관심이 많아서 산사를 기르는 일에도 많이 힘쓰셨는데……."

"세종대왕께서는 정인지 대감에게 《산학계몽》을 배우시기도 했다면서요?"

"그랬단다. 《세종실록》* 을 보면 그때에도 산학을 가르치는 산학교수를 두고 산생들을 가르쳤다는 기록이 있어. 그리고 기본 교과서로는 《상명산법》*, 《양휘산법》*, 《산학계몽》* 등을 사용했단다."

이번에는 박 산사가 수돌이에게 《양휘산법》을 빌려 주었습니다. 수돌이는 책을 받아 들고 집으로 돌아왔습니다.

세종실록 - 조선 시대 6대 왕인 단종 때 지은 역사책으로, 세종대왕이 나라를 다스릴 때의 일들을 기록했다.

상명산법 - 중국 명나라 안지제가 지은 수학 책으로 생활에 필요한 수학 지식을 담았다. 조선 시대에는 과거 때 산사를 뽑는 데 필요한 수학 책으로 사용되었다.

양휘산법 - 13세기 후반 중국의 수학자 양휘가 쓴 7권으로 된 수학 책이다.

산학계몽 - 중국 원나라의 주세걸이 지은 수학 책. 지금으로 치면 고등학교 수준의 수학 내용을 담고 있었다.

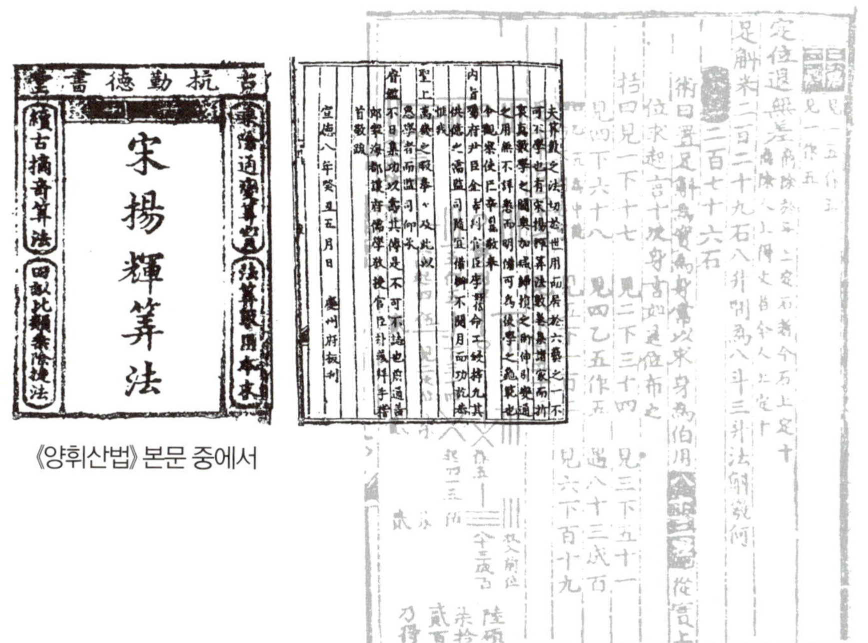
古杭勤德書堂

續古摘奇算法

宋揚輝算法

田畝比類乘除捷法

《양휘산법》 본문 중에서

수학 교과서 《구장산술》

《구장산술》이 쓰인 시기는 지금으로부터 약 2천 년 전으로 알려져 있지만 그보다 더 오래되었다는 설도 있다. 원래 이 책을 지은 사람은 알 수 없고, 지금 전해져 오는 것은 263년에 중국 위나라의 유휘가 쓴 책이다. 우리나라에서는 372년 고구려 때 지금의 대학인 '태학'의 정식 교과서로 사용된 뒤, 조선 시대 말까지 중요한 수학 책으로 쓰였다.

특히 산학 과거를 치르기 위해서는 유교나 불교 경전을 철저히 외우듯 공부해야 했는데, 그 때문에 옛날 수학 책들을 산학의 경전이라는 뜻에서 '산경'이라고 부르기도 했다. 《구장산술》은 문제, 답, 풀이의 3단계로 되어 있는 문제집이었다.

구장산술의 구성

제 1장 '방전': 토지의 면적을 구하는 문제

제 2장 '속미': 물건과 곡물의 매매나 교환을 다루는 문제

제 3장 '쇠분': 분배와 비례 계산

제 4장 '소광': 넓이와 부피를 구하는 문제

제 5장 '상공': 토목 공사와 관련하여 작업량이나 부피를 구하는 문제

제 6장 '균륜': 세금과 부역에 관한 문제

제 7장 '영부족': 물건의 분배와 관련된 문제

제 8장 '방정': 연립방정식 문제

제 9장 '구고': 피타고라스 정리와 응용, 2차 방정식

 《구장산술》의 구성

《구장산술》은 이름처럼 모두 9장으로 구성되어 있다. 제목들만 보면 낯설지만, 내용을 잘 살펴보면 요즘 수학 시간에 배우는 문제들과 크게 다를 게 없다.

《구장산술》에는 모두 246개의 수학 문제가 나오는데 방정, 분모, 분자, 약분, 통분처럼 요즘 우리가 쓰는 수학 용어를 쓰고 있다. 또 가까운 실생활에서 쓰이는 문제뿐만 아니라 사회적으로 중요한 일에 관련된 문제들이 많이 나온다.

따라서 《구장산술》을 통해 옛날 우리나라의 생활 모습을 알 수 있다. 주로 토지를 측량하고 곡식의 수확량을 계산하여 세금을 걷는데 《구장산술》이 이용되었고, 성곽이나 왕릉을 짓고 제방이나 다리 공사를 할 때에도 필요했다. 대공사가 있을 때면 《구장산술》의 계산 문제를 다룰 줄 아는 유능한 기술자가 동원되었다. 이처럼 《구장산술》은 사회의 모든 방면에서 국가 통치와 사람들의 생활을 편리하게 하고 사회를 발전시키는 데에 중요한 역할을 했다.

九章算術卷第一
魏 劉徽 注
方田
今有田廣十五步從十六步問爲田幾何
答曰一畝
又有田廣十二步從十四步問爲田幾何
答曰一百六十八步

衰分第三
少廣第四
商功第五
均輸第六
盈不足第七
方程第八
句股第九

《구장산술》 본문 중에서

[illegible]見一作五

定位退與差商除除於二定石者今石上定十

定斛米二百二十九石八升別爲八斗三升法斛幾何

[illegible]二百七十六石

術曰置足斛實爲身以求身爲伯用[illegible]從實

位求起言十次身言如是位布之

括曰見一下十七　見二下三十四　見三下五十一

見四下六十八　見四乙五作五　遇八十三成百

四乙五爲中句不明亦可　見五下一百二　見六下百十九

見七下百三十六　見八下百五十三

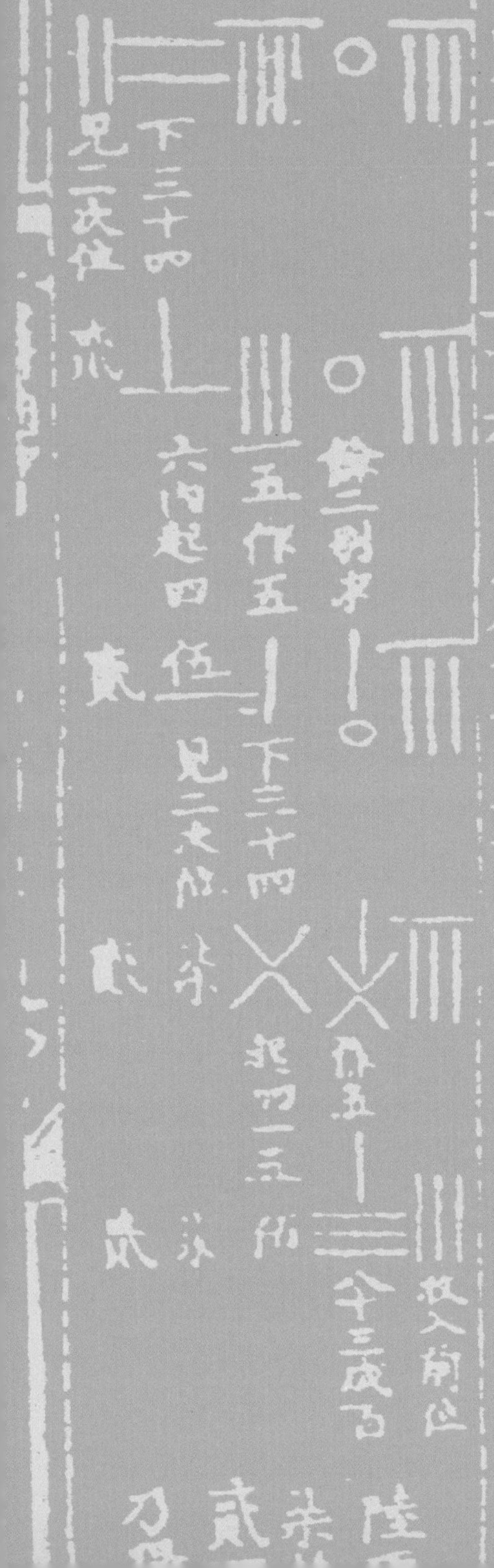

여러 가지 도형의 넓이

우리나라는 농업 사회였기 때문에 가장 중요한 재산이 농사를 짓는 토지였다. 또 토지에서 나오는 곡식의 수확량을 정확히 계산하여 세금을 매기는 것은 나라의 중요한 일이었다. 세금을 제대로 걷으려면 우선 토지를 정확하게 측량해야 한다. 토지의 넓이를 정확히 계산해야 곡식이 얼마나 수확될 것인지 미리 알아낼 수 있기 때문이다. 이때 정확한 토지 측량을 위한 지침이 되었던 책이 《구장산술》이다.

언덕 위의 돌밭 팔기

수돌이네는 언덕 위에 자그마한 밭이 하나 있습니다. 돌이 많고 경사가 져서 농사가 잘 안 되는 곳입니다. 동네 사람들은 그 밭을 수돌이네 돌밭이라고 부릅니다.

"잘 일구기만 하면 콩이나 고추 농사는 될 텐데. 일손이 모자라니 할 수가 있어야지……."

아버지는 돌밭을 바라보며 언제나 아쉬운 듯 중얼거리곤 했습니다.

그런데 수돌이의 단짝 친구인 경수네가 이 돌밭을 사겠다고 나섰습니다.

돌밭을 둘러보던 경수 아버지가 수돌이 아버지에게 물었습니다.

"이 돌밭이 모두 몇 보나 될까요?"

"글쎄……. 1이랑은 됨직한데, 1마지기는 나올지 모르겠네요?"

그때 수돌이가 경수와 함께 언덕을 올라오며 아버지를 불렀습니다.

"아버지, 뭐 하세요? 돌밭을 일구시려고요?"

"아니다. 경수네가 이 밭을 사겠다고 하는구나."

경수한테는 다 자란 형이 셋이나 있습니다. 그러니 경수네가 돌밭을 일구는 것은 일도 아닐 것입니다.

"수돌이 아버지, 그럼 이 언덕 밭을 우리가 사는 걸로 하고, 값을 어떻게 쳐드릴까요?"

경수 아버지가 말했습니다.

"이래 봬도 잘만 일구면 1마지기는 나올 거요."

수돌이 아버지가 자신 있게 말했습니다.

"내 눈에는 1무도 안 될 것 같은데요."

경수 아버지 눈에는 밭이 유난히 작아 보이는 모양입니다.

수돌이 아버지는 언덕 위 돌밭이 1마지기는 될 거라고 하고, 경수 아버지는 1무도 안 될 거라고 하다 보니 자연히 옥신각신하게 되었습니다.

"아버지, 밭 넓이를 구하면 되잖아요."

수돌이가 말했습니다.

"얘야, 밭 모양이 반듯한 것도 아닌 데다 경사가 져 있으니 무슨 수로

계산을 하겠니?"

아버지가 난처한 듯 수돌이를 바라보았습니다.

"아버지, 제가 한번 계산해 볼까요?"

수돌이가 나서며 말했습니다.

"네가 할 수 있겠니?"

"네, 할 수 있어요. 이런 언덕 모양의 밭 넓이를 계산하는 방법을 배웠거든요."

수돌이는 곧 산생이 되는 시험이 있기 때문에 산학 공부를 열심히 하고 있습니다. 수돌이가 산학 공부를 하고 있다는 사실을 경수 아버지도 잘 알고 있습니다.

"그래? 그러면 한번 계산해 보거라."

수돌이 아버지는 아들이 대견스러웠습니다.

수돌이는 먼저 언덕 아랫부분을 한 바퀴 돌며 걸음을 재어 보았습니다. 언덕 아랫부분은 타원형으로 둥근 편이었는데, 50보였습니다.

다음에는 언덕 아랫부분의 한 끝에서 다른 끝으로 일직선이 되도록 걸어 보았더니 20보가 나왔습니다. 바로 언덕의 지름이 되는 셈입니다.

수돌이가 잠시 머릿속으로 계산을 해 보더니 말했습니다.

"아버지, 250보가 나오는데요. 1무가 넘어요."

"그래? 확실하니?"

"네, 자가 없으니 아주 정확하지는 않아도 대략 250보가 나와요. 제 계산이 틀림없어요."

"아, 글쎄, 1무는 넘는다니까."

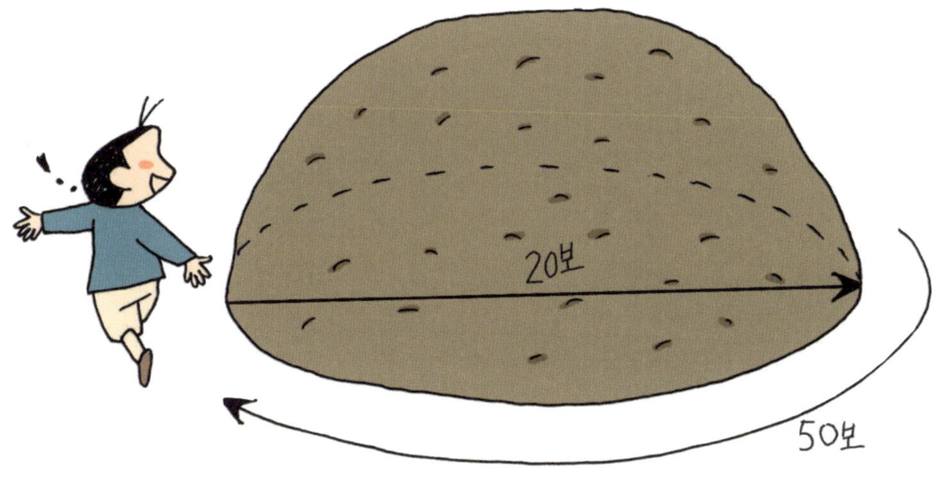

수돌이 아버지가 경수 아버지를 보며 말했습니다.

"그래도 1마지기는 어림없잖아요."

경수 아버지도 지지 않고 말했습니다.

250보는 1무가 넘지만, 300평은 되지 않으니 1마지기가 안 되는 셈입니다.

수돌이는 어떻게 풀었을까요?

옛날에는 언덕이나 작은 산 모양의 밭을 '완전'이라고 불렀습니다. 《구장산술》에는 완전의 넓이를 구하는 계산법이 나와 있습니다. 언덕 아랫부분이 완전의 밑바닥, 언덕의 지름이 완전의 지름이 됩니다.

언덕 모양의 밭 넓이 :

완전의 넓이 = 밑바닥의 원둘레의 반 × 지름의 반

$= (50\text{보} \times \frac{1}{2}) \times (20\text{보} \times \frac{1}{2})$

$= 25\text{보} \times 10\text{보} = 250\text{보}$

완전의 넓이 250보는 대략 어느 정도의 넓이일까요? 1무와 1마지기를 비교하면 250보의 넓이를 짐작할 수 있습니다.

1무(이랑) = 240보

1보(걸음) = 1.5m

1마지기(밭) = 약 300평

1평 = 약 3. 306m^2 = 약 1.8m×1.8m

→ 1무 = 240보×1.5m×1.5m

1마지기 = 300보×1.8m×1.8m

∴ 1마지기 〉 완전의 넓이 250보 〉 1무

"수돌이 덕분에 박 산사한테 갈 일 없이 잘 해결되었네."

경수 아버지가 수돌이를 칭찬했습니다. 수돌이 아버지도 대견스럽다는 듯 수돌이의 머리를 쓰다듬었습니다.

경수 아버지와 수돌이 아버지는 1마지기보다는 조금 적고 1무보다는 조금 많은 비용에 땅을 사고팔기로 약속하고, 기분 좋게 언덕을 내려왔습니다.

땅의 넓이를 알아야 세금을 걷지요

옛날 우리나라는 농업 사회였기 때문에 가장 중요한 재산이 농사를 짓는 토지였습니다. 따라서 토지에서 나오는 곡식의 수확량을 정확히 계산해서 세금을 매기는 것은 중요한 일이었지요.

삼국시대부터 산사가 맡은 가장 중요한 업무도 토지를 정확히 측량하고 곡식 수확량을 계산하여 세금을 거둬들이는 일이었습니다. 고구려의 '경무법'*, 백제의 '결부제'* 같은 제도는 토지 측량과 곡식의 수확량에 대한 세금법입니다.

또한 통일신라 시대의 〈신라장적〉*을 보면 마을의 둘레, 호수의 넓이, 인구, 논과 밭의 넓이, 과실나무와 뽕나무의 수, 소와 말의 수까지 자세히 기록되어 있습니다. 이것을 근거로 세금을 걷었음을 쉽게 추측할 수 있겠지요.

세금을 제대로 걷으려면 우선 토지를 정확하게 측량해야 합니다. 토지의 넓이를 정확히 계산해야, 곡식을 얼마나 거둘 수 있을지 미리 알아낼 수 있으니까요. 하지만 그게 그렇게 간단한 문제는 아니었습니다. 토지가 오늘날처럼 반듯한 모양이 아니었기 때문입니다.

토지의 모양은 정말 가지각색이었습니다. 정사각형, 직사각형, 삼각형, 원형, 사다리꼴 등 마치 도형의 전시장 같았지요. 하지만 아무리 이상한 모양이라 해도 반드시 땅의 넓이를 구해야만 했습니다. 이때 정확한 토지 측량을 위한 지침이 된 책이《구장산술》이었습니다.

《구장산술》에는 여러 모양의 토지 넓이를 구하는 방법이 나와 있습니다. 토지가 여러 가지 도형의 모양이니까, 도형의 넓이를 구하는

경무법 - 밭이랑이 중심이 되는 세금법으로, 수확량과 관계 없이 밭의 넓이만을 기준으로 삼았다.

결부제 - 토지의 넓이만 기준으로 한 것이 아니라 곡식 수확량과 토지 넓이, 세금을 연결하여 파악한 제도이다.

신라장적 - 8~9세기 무렵의 토지 문서. 마을의 구역, 인구, 소나 말의 숫자, 수목의 종류까지 기록되어 있어 통일신라 시대의 토지 제도를 이해하는 데 귀중한 자료이다.

각각의 원리를 적용하면 되었겠지요. 그러면《구장산술》에 나오는 대로 여러 가지 모양의 땅 넓이를 구하는 방법을 알아봅시다.

수학기호는 언제부터 썼을까?

'어떤 수에 5를 곱한 뒤 3을 더한 것은 100에서 12를 뺀 것과 같다.'

수학기호를 사용하지 않았던 옛날에는 위와 같이 '더하고, 빼고, 곱하고, 나눈다'라는 말로 나타냈다. 이 문장을 수학기호를 사용하면 간단히 나타낼 수 있다. 모르는 어떤 수를 x 라고 하면 다음과 같이 간단한 식이 된다.

$x \times 5+3 = 100-12$

이처럼 수학기호를 사용하면 긴 문장을 간단한 식으로 나타낼 수 있다. 수학에서 본격적으로 기호를 사용하기 시작한 것은 서양에서는 14세기부터였으며, 17세기에 표준화되어 비로소 지금 사용하는 수학 기호가 되었다. 그러나 옛날 우리나라 수학책에서는 아직 수학 기호를 사용하지 않고 말로 나타냈다.

+ (더하기) : 1300년경 이탈리아의 레오나르도 피사노가 처음 썼다.

- (빼기) : 1489년 독일의 비트만이 라틴어 minus의 약자에서 따서 썼다.

= (등호) : 1557년 영국의 레코드가 처음 썼다.

× (곱셈) : 1631년 영국의 오트렛이 처음 썼다.

÷ (나눗셈) : 1659년 스위스의 요한 하인리히랜이 썼다.

>,< (부등호) : 영국의 해리어트가 처음 썼다.

π (원주율) : 스위스 수학자 오일러에 의해서 원주율을 나타내는 기호로 쓰였다.

여러 가지 모양의 땅 넓이 구하기

■ 가로가 12보, 세로가 14보인 방전이 있다. 넓이는 얼마인가?

정사각형, 직사각형 모양의 밭을 방전이라고 합니다.

'방전의 넓이를 구할 때 가로에 세로를 곱한다.'

이것은 직사각형 넓이를 구하는 지금의 방법과 같습니다.

【풀이】 $12 \times 14 = 168$보

▲ 밑변이 20보, 높이가 12보인 규전이 있다. 넓이는 얼마인가?

삼각형 모양의 밭을 규전이라고 합니다. '규'는 삼각형을 나타내는 말이지요.

'밑변을 반으로 하여 높이에 곱한다.'

규전의 넓이를 구하는 방법은 삼각형의 넓이를 구하는 공식인 넓이 = 밑변 × 높이 × $\frac{1}{2}$ 과 같습니다.

【풀이】 $(20 \div 2) \times 12 = 120$보

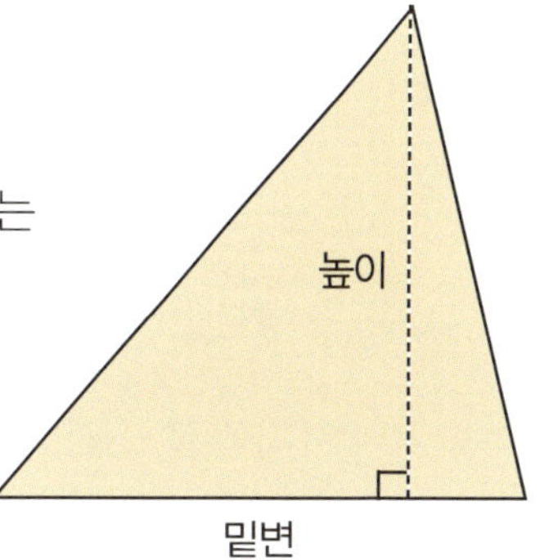

윗변의 길이는 10보, 아랫변의 길이는 20보, 높이는 30보인 사전의 넓이는 얼마인가?

한 변이 밑변에 수직인 사다리꼴 모양의 밭을 사전이라고 합니다.

'윗변과 아랫변을 서로 더하고 이것을 반으로 나눈 다음에 높이를 곱한다.'

이 계산은 사다리꼴의 넓이를 구하는 공식인 넓이 = (윗변+아랫변)×높이÷2와 같습니다.

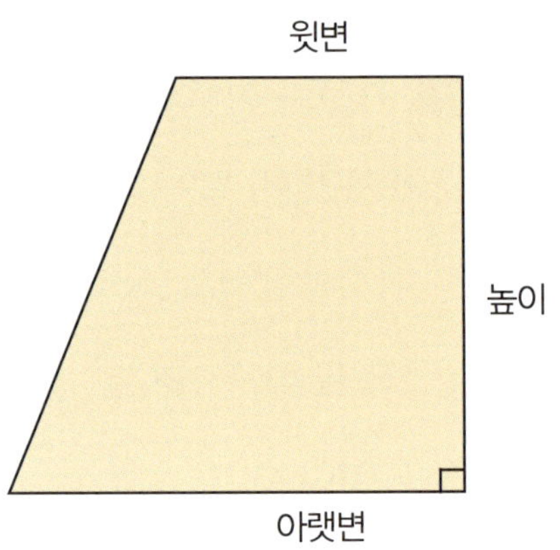

【풀이】(10+20)÷2×30 = 450보

윗변이 12보, 아랫변이 10보, 높이가 8보인 기전의 넓이는 얼마인가?

사전 2개를 합친 사다리꼴, 즉 등변사다리꼴 모양의 밭을 기전이라고 합니다.

'기전을 반으로 나누면 2개의 사전이 생기므로 계산법은 사전과 같다. 윗변과 아랫변을 서로 더하고 반으로 나눈 뒤 높이를 곱하면 된다.'

역시 사다리꼴의 넓이를 구하는 계산법과 같습니다.

【풀이】(12+10)÷2×8 = 88보

지름이 10보인 원전의 넓이는 얼마인가?

원 모양의 밭을 원전이라고 합니다.

'원둘레의 반과 지름의 반을 곱한다.'

원의 넓이를 구하는 설명이 《구장산술》에 자세하게 나옵니다. 원을 잘게 쪼개어 아래 그림과 같은 모양으로 붙이면 직사각형 모양이 됩니다. 따라서 직사각형의 넓이가 곧 원의 넓이가 되지요. 직사각형의 가로는 원둘레의 반이고 세로는 지름의 반(반지름)입니다.

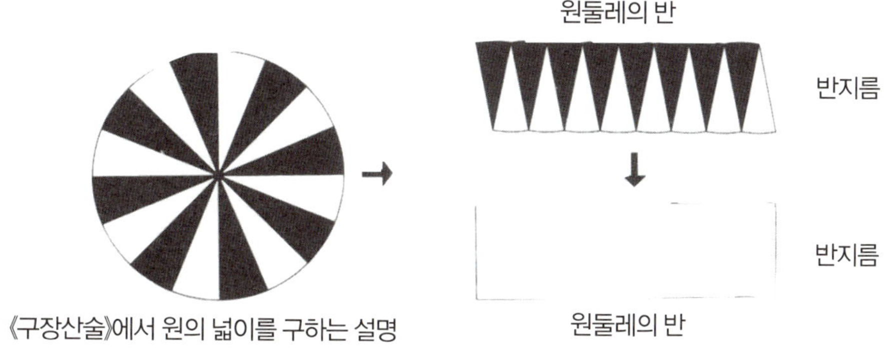

《구장산술》에서 원의 넓이를 구하는 설명

원의 넓이 = 직사각형의 넓이 = 가로(원둘레의 반) × 세로(지름의 반)

= (지름 × 원주율 ÷ 2) × (지름 ÷ 2)

= (반지름 × 원주율) × 반지름

= 반지름 × 반지름 × 원주율

이 계산은 오늘날 원의 넓이를 구하는 공식과 같습니다. 다만 원주율을 3으로 계산했다는 것만 다릅니다.

【풀이】 5 × 5 × 3(원주율) = 75보

현의 길이는 30보, 시는 10보인 호전의 넓이는 얼마인가?

활 모양의 밭을 호전이라고 합니다.

'현에 시를 곱한 것과 시를 제곱한 값을 더하여 반으로 나눈다.'

'시'는 한자로 화살이라는 뜻이며, 높이를 말합니다.

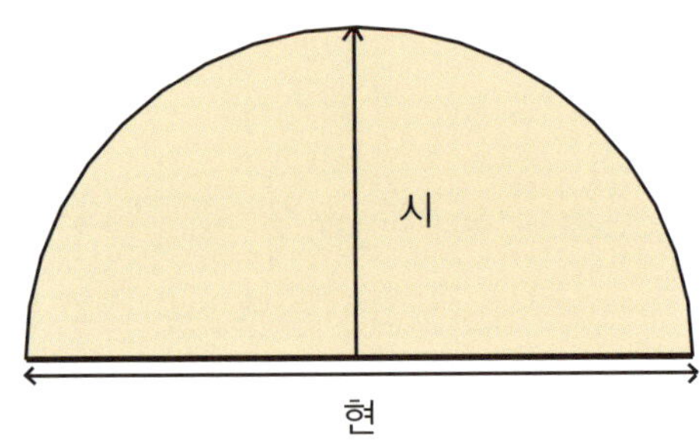

【풀이】 (30×10+100)÷2 = (300+100)÷2 = 400÷2 = 200보

바깥 원의 둘레가 300보이고, 안 원의 둘레가 60보인 환전의 넓이는 얼마인가? (두 원 사이의 길이는 40보)

도넛 모양의 밭을 환전이라고 합니다.

'안과 밖의 두 원둘레를 더해서 반으로 나누고, 이것에 두 원 사이의 길이를 곱한다.'

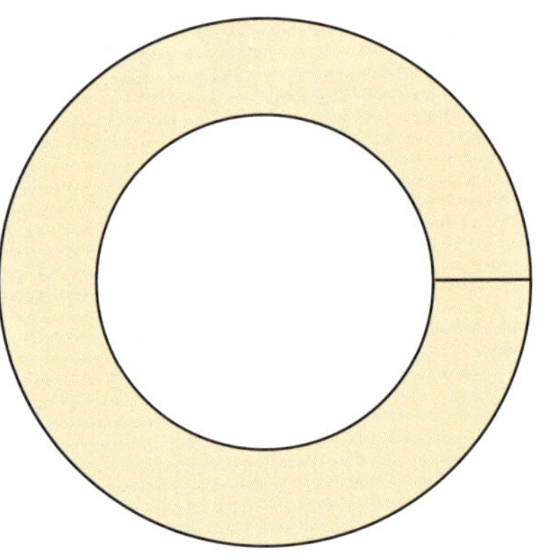

【풀이】 (300+60)÷2×40 = 180×40

= 7200보

밑면인 원의 둘레가 60보, 위로 솟은 호의 지름이 28보인 완전의 넓이는 얼마인가?

언덕이나 작은 산 모양의 밭을 완전이라고 합니다.

'밑바닥의 원둘레에 윗면의 지름을 곱하여 이것을 4로 나눈다.'

완전의 위로 솟은 면을 '호'라고 부릅니다.

【풀이】60×28÷4 = 420보

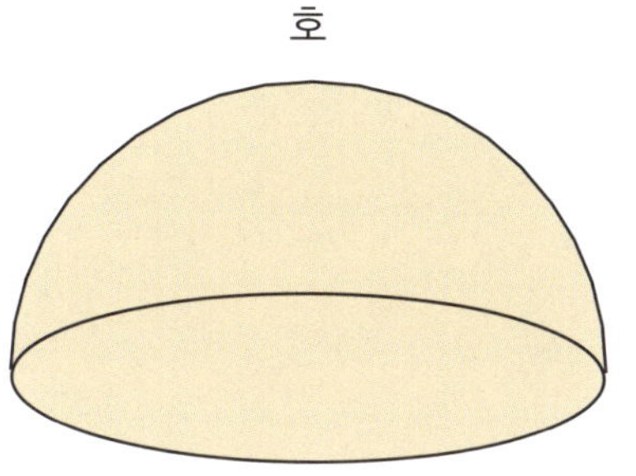

	밭 모양	넓이를 구하는 방법
방전	정사각형, 직사각형	가로×세로
규전	삼각형	밑변×높이÷2
사전	사다리꼴	(윗변+아랫변)÷2×높이
기전	등변사다리꼴	(윗변+아랫변)÷2×높이
원전	원	(원의 둘레)÷2×반지름 =반지름×반지름×원주율
호전	활 모양, 반원	{(현×시)+시^2}÷2
환전	큰 원 안에 있는 작은 원	(바깥 원둘레+안 원둘레)÷2 ×(두 원 사이의 길이)
완전	언덕 모양	밑면의 원둘레×윗면의 지름÷4

[illegible]見一作五

足位退無差 商除於二二定石者今石上定 商除八上得丈首今人上定 十

足斛米二百二十九石八升問為八斗三升法斛幾何

[illegible]二百七十六石

術曰置足斛為實以為身以求身為伯用[illegible]從實

位求起言十次身言如退位布之

掎四見一下十七 見二下三十四 見三下五十一

見四下六十八 見四乙五作五 過八十三戍百

[illegible] 見五下一百二 見六下百十九

見七下百三十六 見八下百五十三

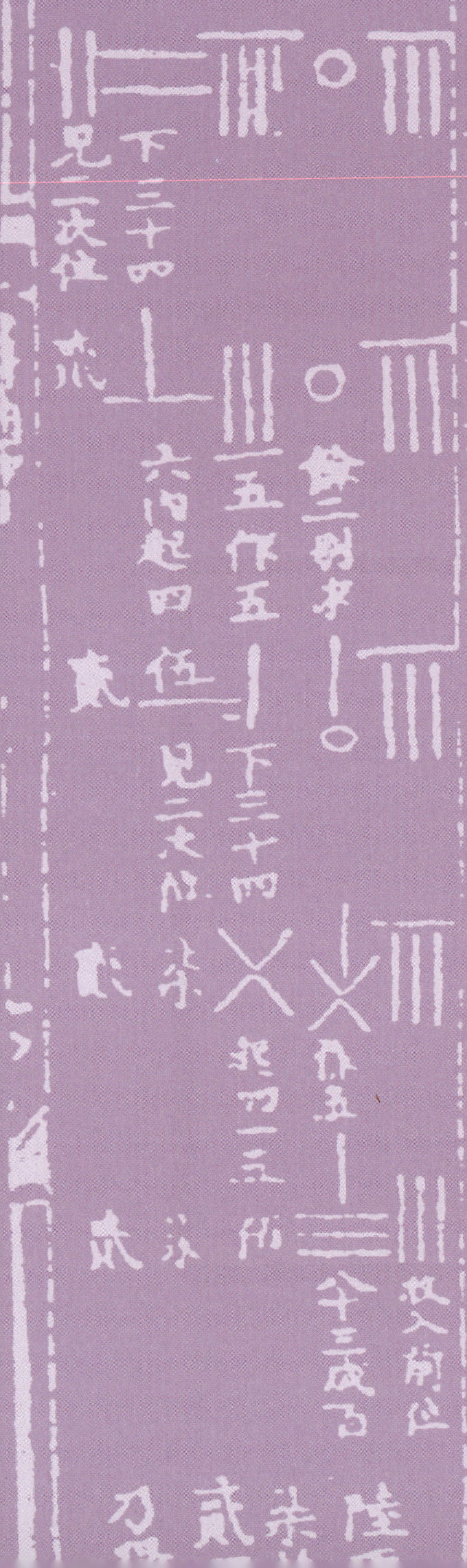

비례식과 분수도 계산해요

옛날부터 분수가 있었고 지금 우리가 쓰는 '분자', '분모'라는 말은 옛날에도 그대로 쓰였다. 게다가 분수를 읽는 방법과 덧셈과 곱셈을 계산하는 방법까지도 지금과 다르지 않았다. 그럼 분수는 언제부터 쓰였을까? 동양에서는 3세기쯤 중국에서 처음 썼고, 중국의 영향을 받은 우리나라도 삼국시대부터 분수를 사용했다. 하지만 유럽에서는 이보다 훨씬 뒤인 16세기에 이르러서야 비로소 분수를 사용하기 시작했다.

좁쌀과 바꾸려고 해요

"수돌아, 좁쌀 2말만 자루에 좀 담아라."

아버지가 장에 나갈 채비를 하며 말했습니다.

수돌이는 곳간으로 가서, 자루에다 좁쌀을 되로 퍼 담았습니다. 좁쌀 1말이 10되니까, 2말이면 20되가 됩니다.

"아버지, 좁쌀로 뭐 하시려고요?"

"장에 가서 콩으로 바꿀 거야."

"아버지, 저도 따라갈래요."

"그렇게 하렴."

수돌이는 아버지를 따라 장에 가는 일이 무척 재미있습니다.

아버지는 좁쌀 자루를 들고 곡물 가게로 갔습니다. 곡물 가게에는 보리, 콩, 좁쌀, 현미 등 여러 가지 곡식들이 자루에 담겨 있었습니다.

"이 좁쌀을 콩으로 바꿔 주시오."

아버지가 좁쌀 자루를 내려놓으며 주인에게 말했습니다.

"좁쌀이 얼마나 됩니까?"

"2말이오."

"그러면 콩을 1말 2되 드리겠습니다. 좁쌀 1말에 콩 6되를 받아 가실 수 있거든요."

좁쌀 1말을 콩 6되와 바꿀 수 있으므로, 2말이면 12되와 바꿀 수 있지요. 아버지는 콩 1말 2되를 받아 자루에 담았습니다.

며칠 뒤 아버지와 수돌이는 다시 장에 갈 일이 생겼습니다. 이번에는 좁쌀을 찹쌀로 바꿔야 했거든요.

"이 좁쌀 1말을 찹쌀로 바꿔야겠는데, 찹쌀은 얼마나 되오?"

"좁쌀 5에 찹쌀 3의 비율로 바꿔 드립니다."

"그럼 1말이면 몇 되요?"

"아버지, 6되예요."

"그렇구나."

아버지는 찹쌀 6되를 자루에 받았습니다. 아버지가 찹쌀이 든 자루를 묶고 있는데, 경수 아버지가 자루를 들고 가게 안으로 들어왔습니다. 경수

수돌이는 어떻게 풀었을까요?

비율이란 어떤 수나 양의 크기를 다른 수나 양의 크기와 비교했을 때의 값입니다. 비율에서는 양쪽에 같은 수를 나누어도 값이 일정합니다. 그러니 좁쌀과 현미의 비율을 간단하게 만들어서 계산이 쉽도록 합니다. 또한 좁쌀과 현미의 양 사이에는 언제나 같은 비율이 존재하므로, 값을 알 수 없는 현미의 양을 x라고 놓고 식을 세울 수 있습니다.

좁쌀과 현미의 비율:

좁쌀 : 현미 = 50 : 30(양쪽에 10을 나눠 간단히 한다)

= 5 : 3

= 1 : x

위와 같은 식을 비례식이라고 하고, 비례식을 이루는 각 부분을 '항'이라고 합니다. 등호(=)를 중심으로 안쪽에 있는 항을 내항, 바깥쪽에 있는 항을 외항이라고 하지요. 비례식에서는 내항과 내항을 곱한 값과, 외항과 외항을 곱한 값이 같습니다. 이런 성질을 이용하면 현미의 양을 구할 수 있습니다.

$1 : x = 5 : 3$

(내항: x, 5 / 외항: 1, 3)

$x \times 5 = 1 \times 3$

$5x = 3$

$x = \frac{3}{5} = \frac{6}{10} = 0.6$(말) = 6되(1말 = 10되)

아버지는 보리를 굵은 밀로 바꿔 가기 위해 가게에 들렀습니다.

"주인장, 이 보리 2말을 굵은 밀로 바꿔 주시겠소?"

"보리 2말이요? 가만 있자, 굵은 밀이라……."

주인이 벽에 붙은 표를 보더니 좀 난감한 표정을 지었습니다.

"거참, 이거 계산이 쉽지 않겠는데요?"

"왜 그러시오?"

주인은 벽에 붙은 표의 한 부분을 손가락으로 가리키며 말했습니다.

"이 표에는 곡식을 어떤 비율로 바꿔야 하는지가 나와 있습니다. 여기를 보면 보리 45와 굵은 밀 54의 비율로 교환해야 하는데 계산이 복잡해서……. 하필이면 왜 굵은 밀이요?"

"굵은 밀이 필요한데 계산이 복잡하다고 다른 것으로 가져 갈 순 없잖소?"

"그야 그렇지요."

"옳거니! 수돌이가 계산하면 되겠네."

경수 아버지가 수돌이를 보며 말했습니다.

"네, 제가 한번 해 볼게요."

"이 아이가 산생이라 계산을 잘한다오."

수돌이는 지난달에 산생을 뽑는 시험에 합격했습니다. 그래서 산학교수에게 산학 수업을 받고 있습니다. 수돌이가 산생이라는 말을 들은 가게 주인은 선선히 수돌이에게 계산을 맡겼습니다.

"보리 45에 굵은 밀 54의 비율이라고 하셨죠? 보리가 지금 2말이고요."

"그렇단다."

가게 주인과 경수 아버지가 동시에 대답했습니다.

수돌이가 잠시 생각하더니 자신 있게 대답했습니다.

"굵은 밀 2말 4되로 바꿔 가시면 돼요."

수돌이는 어떻게 풀었을까요?

양쪽에 같은 수를 나누어도 비율은 일정하다는 성질을 이용해 식을 간단히 합니다. 보리와 알 수 없는 굵은 밀의 양 x 사이에도 같은 비율이 존재하니까 비례식을 세울 수 있겠지요. 그런 뒤 내항끼리의 곱과 외항끼리의 곱이 같다는 비례식의 성질을 이용해 굵은 밀의 양 x를 구합니다.

보리 : 굵은 밀 = 45 : 54(양쪽에 9를 나눠 간단히 한다.)

$= 5 : 6$

$= 2 : x$

$2 : x = 5 : 6$

내항

외항

$x \times 5 = 2 \times 6$

$5x = 12$

$x = \frac{12}{5} = \frac{24}{10} = 2.4$(말) = 2말 4되(1말 = 10되)

수돌이의 설명이 끝나자, 가게 주인과 경수 아버지는 고개를 끄덕이며 칭찬했습니다. 어른들을 도울 수 있었던 수돌이는 산학 공부를 더 열심히 해야겠다고 생각했습니다.

옛날에도 분모, 분자라고 했대요

집에 돌아온 수돌이는 곧장 방으로 들어갔습니다. 장에 다녀오느라 오늘은 산학 공부를 하지 못했습니다. 산생이 된 수돌이는 이제 산학 과거를 준비해야 합니다.

숨을 한 번 크게 내쉬고 수돌이는 《구장산술》을 펼쳤습니다. 공부에 집중하기 위해 수돌이는 책을 펼 때마다 큰 숨을 내쉬고는 합니다. 문제를 풀기 위해 연습 종이와 산가지도 챙겼습니다.

"어라, 분수 문제네."

수돌이는 책에 나온 문제를 자세히 읽어 보았습니다.

"지금 여기에 밭이 있다. 가로는 $\frac{4}{7}$ 보, 세로는 $\frac{3}{5}$ 보이다. 밭의 넓이는 얼마인가?"

수돌이는 잠시 생각해 보다, 이내 자신 있는 표정으로 말했습니다.

"답은 $\frac{12}{35}$ 보로구나!"

문제 아래에 적힌 답과 맞춰 보았더니 정답이었습니다.

수돌이는 어떻게 풀었을까요?

직사각형 모양의 밭을 방전이라고 합니다. 그러니 방전의 넓이는 직사각형의 넓이를 구하는 것과 같겠지요. 그리고 분수를 곱할 때에는 분모는 분모끼리, 분자는 분자끼리 곱합니다.

직사각형 모양 밭의 넓이 = 가로 × 세로

$= \frac{4}{7} \times \frac{3}{5}$

$= \frac{4 \times 3}{7 \times 5}$

$= \frac{12}{35}$ 보

서양보다 더 빨랐던 분수 계산

옛날에도 분수가 있었고, 지금 우리가 쓰는 '분자', '분모'라는 말이 그때에도 쓰였다. 게다가 분수를 읽는 방법까지 지금과 비슷했다.

$\frac{4}{7}$ 는 '7분지 4'라고 읽었고, $\frac{3}{5}$ 은 '5분지 3'이라고 읽었다. 여기서 '5분지 3'이란 '5분의 3'이라는 뜻이다. 뿐만 아니라 옛날 수학 책에는 분수의 곱셈과 덧셈도 다루고 있었다.

조선 25대 왕인 철종 때, 수학자 남병길은 《구장산술》을 풀이한 책인 《구장술해》를 썼다. 다음은 《구장술해》 제 1권 '방전'에 있는 문제이다

" $\frac{1}{3}$ 과 $\frac{2}{5}$ 의 합은 얼마인가? "

이 문제는 분수의 합을 구하는 문제이다. 《구장술해》의 답은 '15분지 11'로 되어 있다.

문제를 풀어 보면,

$$\frac{1}{3}+\frac{2}{5}=\frac{5}{15}+\frac{6}{15}=\frac{11}{15}$$

이로써 옛날에 분수의 덧셈과 곱셈을 계산했던 방법이 지금과 다르지 않았음을 알 수 있다.

그렇다면 분수는 언제부터 썼을까? 동양에서는 3세기쯤 중국에서 처음 썼고, 중국의 영향을 받은 우리나라도 삼국시대부터 분수를 사용했다. 하지만 유럽에서는 이보다 훨씬 뒤인 16세기에 이르러서야 비로소 분수를 사용하기 시작했다.

가장 오래된 수학 책 《파피루스》에도 분수 계산이 나오는데, 분자가 1인 단위 분수만 사용했다. 《파피루스》는 4천 년 전 이집트의 승려 아메스가 쓴 수학 책으로, 나일 강 가에서 많이 나는 파피루스라는 풀의 줄기로 종이를 만들어서 책으로 엮은 것이다.

분수 약분하기

《구장산술》을 공부하던 수돌이가 이번에는 분모, 분자를 약분하는 문제를 풀어 보고 있습니다.

'91분의 49를 약분하면 얼마인가?'라는 문제가 있습니다. 답은 13분의 7로 나와 있습니다.

분모, 분자를 반으로 나누거나 분모, 분자의 수를 놓고 큰쪽에서 작은쪽을 뺀다. 이것을 계속 거듭하여 두 수의 최대공약수(등수)를 구한 다음에 이것으로 분모, 분자를 나눈다.

《구장산술》에서는 약분하는 방법을 이렇게 소개하고 있습니다.

풀이를 보면 최대공약수를 구하는 방법이 특이하지요. 앞의 풀이대로 한번 해 볼까요?

먼저 분모, 분자 중 큰 수 91에서 49를 빼면 42가 됩니다. 91, 49, 42 중에서 작은 수 2개를 택하면, 49와 42가 됩니다. 그 다음에는 큰 수에서 작은 수인 49에서 나온 수 42를 빼면 7이 됩니다. 7은 더이상 나누어지지 않는 수이므로 최대공약수는 7이 됩니다.

$$\begin{array}{r} 91 \\ -\ 49 \\ \hline 42 \end{array} \quad \Rightarrow \quad \begin{array}{r} 49 \\ -\ 42 \\ \hline 7 \end{array} \leftarrow \text{최대공약수(등수)}$$

최대공약수 7로 분모와 분자를 나눕니다. 옛날에는 최대공약수를 '등수'라고 했습니다.

분모 : $91 \div 7 = 13$

분자 : $49 \div 7 = 7$

$\therefore \frac{49}{91} = \frac{7}{13}$

차분히 책을 읽던 수돌이는 방금 알게 된 원리를 사용해 보고 싶어졌습니다. 그래서 종이에 $\frac{30}{85}$라고 적고《구장산술》에 나온 대로 풀기 시작했습니다.

"음, 최대공약수는 5니까, 약분하면 $\frac{6}{17}$이구나!"

수돌이는 어떻게 풀었을까요?

먼저 분모, 분자 중 큰 수 85에서 작은 수 30을 빼면 55가 됩니다. 다시 55에서 작은 수 30을 빼면 25가 되고, 30에서 25를 빼면 5가 됩니다. 이렇게 해서 나온 수 5가 바로 최대공약수가 됩니다.

$$\begin{array}{r}85\\-30\\\hline 55\end{array} \Rightarrow \begin{array}{r}55\\-30\\\hline 25\end{array} \Rightarrow \begin{array}{r}30\\-25\\\hline 5\end{array} \leftarrow \text{최대공약수}$$

분모 : $85 \div 5 = 17$

분자 : $30 \div 5 = 6$

$\therefore \frac{30}{85} = \frac{6}{17}$

옛날에 분수뿐 아니라 소수도 썼다는 것은 전해 내려오는 수학 책들을 통해 알 수 있습니다. 《산학계몽》의 밭 넓이에 대한 문제에는 '8.55'라는 소수가 나옵니다. 또한 이상혁이 쓴 《산술관견》* 의 원의 지름을 구하는 문제에서는 소수점 아래 8자리까지 답을 구하고 있습니다.

산술관견
조선 시대 25대 왕 철종 때 이상혁이 지은 수학 책이다. 오늘날의 기하학으로 등변삼각형, 등변사각형의 이론, 원의 지름과 넓이 및 원둘레의 관계, 현과 호의 관계 등을 설명했다.

答曰 見一作五

定位退無差 兩除除於上二定石者今石上定十 商除八上得丈首令人上定十

定斛米二百二十九石八升問爲八斗三升法斛幾何

答曰 二百七十六石

術曰置見斛爲實斛身以求身爲伯用 今有術 從實

位求起言十次身言如是位布之

指曰見一下十七 見二下三十四 見三下五十一

見四下六十八 見四乙五作五 遇八十三成百

四四 見乙元無中 向不明者可 見五下一百二 見六下百十九

見七下百三十六 見八下百五十三

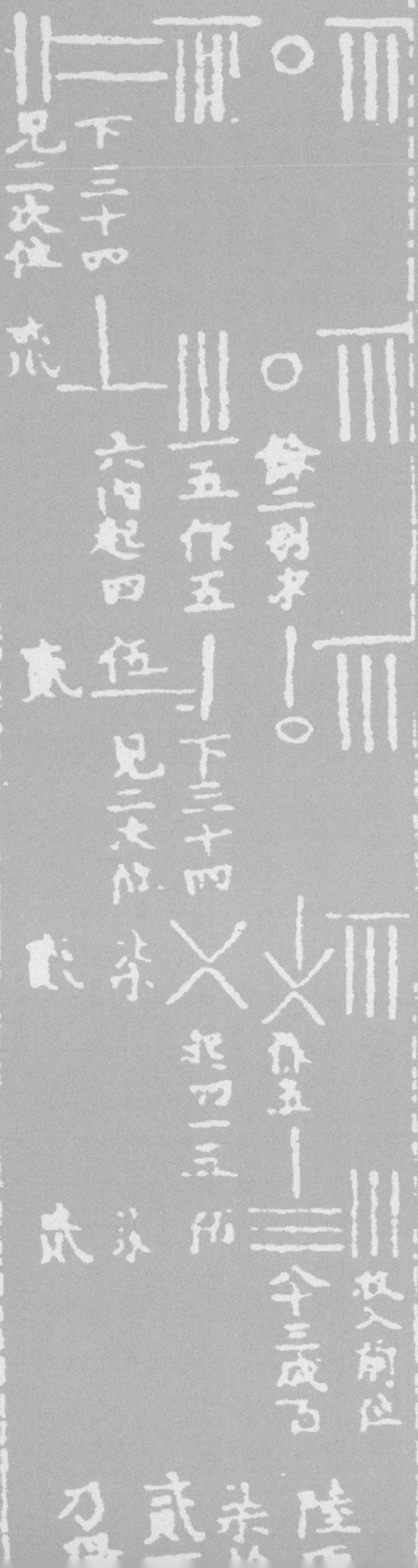

下三十四 見二次位

餘二則者

五作五 六口起四位 下三十四 見二次位

신비한 마방진 이야기

중국 하나라 우왕 때의 일이다. 그때에는 황하가 자주 넘쳐서 농사를 망치고는 했는데, 어느 날 강 한가운데에서 큰 거북이 한 마리가 나타났다. 거북이의 등에는 이상한 무늬가 새겨져 있었다. 사람들은 이 무늬에 놀라운 비밀이 있다는 사실을 발견했는데 각 줄의 숫자들을 더하면 모두 한결같이 15가 된다는 것이었다. 사람들은 이 신비로운 무늬의 그림을 하늘이 거북이를 시켜 인간 세계에 보내 준 것이라고 믿었고, 그때부터 이 숫자들을 아주 귀하게 여기게 되었다.

마방진 부적 '낙서'

설이 낼모레입니다. 오늘 수돌이네 가족은 집 안 대청소를 했습니다.

수돌이가 마당을 쓸고 안방으로 가니, 아버지가 방문 위 벽에 종이를 붙이고 있었습니다. 종이는 가로와 세로 반 자 정도 되는데, 어떤 그림이 그려져 있었습니다.

"아버지, 뭘 붙이시는 거예요?"

"올해 농사가 잘되고, 너도 과거에 합격하라고 붙이는 거란다."

"그러면 부적을 붙이시는 거예요?"

"이건 부적하고는 좀 달라. '방진'이라는 거란다. 재앙을 막아 주는 신비한 수라고 할 수 있지."

숫자가 재앙을 막아 준다는 게 수돌이는 잘 이해되지 않았습니다.

"이 그림의 무늬를 잘 살펴봐라. 어떤 특징이 있지 않니?"

아버지가 방진을 손으로 짚어 가며 말했습니다. 아버지가 가리키는 그림에는 점과 선으로 이뤄진 무늬들이 반듯한 사각형을 이루고 있었습니다.

"서로 다른 무늬가 모두 9가지 있네요."

무늬는 다음과 같은 모양이었습니다.

점의 개수는 맨 윗 부분 왼쪽부터 4개, 9개, 2개였습니다. 또 중간 부분은 점의 개수가 3개, 5개, 7개, 맨 아래는 8개, 1개, 6개였습니다.

"점의 개수가 서로 다른 것에 무슨 이유라도 있나요?"

수돌이가 다시 아버지에게 물었습니다. 아버지는 자세한 설명을 하기 위해 종이에 표를 그렸습니다.

"그건 점의 개수로 표를 만들어 보면 알 수 있단다. 가로, 세로가 3칸인 표를 그린 뒤, 맨 윗줄에 4, 9, 2, 다음 줄에 3, 5, 7 그리고 맨 아랫줄에 8, 1, 6의 숫자를 써 보자."

아버지는 산가지로 숫자 표를 만들었습니다. 지금 우리가 쓰는 아라비아 숫자로 바꾸면 다음과 같은 숫자 표가 됩니다.

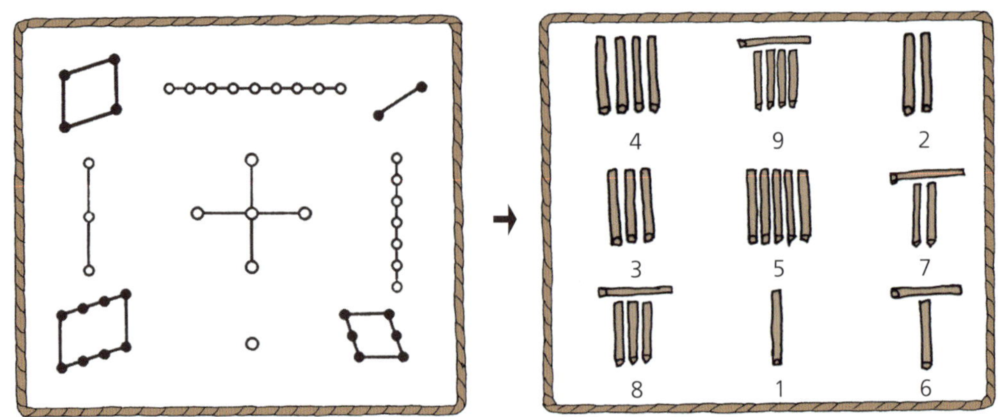

수돌이는 아버지가 만든 숫자 표를 자세히 살펴보았습니다. 아버지가 만든 표는 무슨 숫자 놀이 같기도 하고 암호 같기도 했습니다.

"자세히 보면 무슨 규칙이 있지 않니?"

"1부터 9까지 한 번씩 썼는데, 왜 그랬을까요?"

수돌이가 고개를 갸우뚱거리며 말했습니다.

아버지가 만든 숫자 표는 1부터 9까지의 숫자가 순서만 다를 뿐, 겹치지도 빠지지도 않고 골고루, 딱 한 번씩 들어 있었습니다. 하지만 수돌이는 어떤 특별한 규칙도 발견할 수가 없었습니다.

"먼저 가로줄 (4, 9, 2), (3, 5, 7), (8, 1, 6)을 잘 봐라. 첫째 줄 (4, 9, 2)를 더해 보겠니?"

아버지가 빙그레 웃었습니다.

"15예요."

"그래, 그럼 다른 가로줄의 수도 더해 보아라."

나머지 가로줄을 더해 봐도 결과는 똑같았습니다. 수돌이는 아버지 말씀이 무엇을 뜻하는지 깨달았습니다. 각 줄의 합은 모두 같았던 것입니다.

"아버지, 가로줄의 합이 모두 15예요."

"그럼 세로줄은?"

"와아! 세로줄의 합도 모두 15가 되는데요."

"그래, 맞다. 가로줄과 세로줄의 합이 모두 15란다. 뿐만 아니라 두 대각선 (4, 5, 6), (2, 5, 8)을 합해도 15가 된단다."

수돌이는 놀라운 사실을 발견하고 신기해서 어쩔 줄 몰라 했습니다.

"이제 이 숫자 표의 비밀을 알겠니? 이 무늬를 가리켜 '낙서(洛書)'라고 부른단다. 장난으로 아무렇게나 쓴 글씨인 낙서와는 달라. 옛날 중국에서는 큰비가 내리면 황허라는 강이 넘쳐서 농사를 망치고는 했어. 지금으로부터 4천 년 전 하나라의 우왕 때 황허의 한 줄기인 낙수가 넘치는 것을 막는 공사를 하고 있는데, 강 한가운데에서 큰 거북이 한 마리가 나타났어."

"거북이요?"

낙서와 같은 숫자 표를 '방진', 또는 '마방진'이라고 부른다. 옛날부터 중국과 우리나라에서는 낙서와 같이 규칙이 있는 숫자 표를 만드는 마방진 놀이가 유행했다. 이 마방진은 유럽에서도 만들어졌는데 '매직 스퀘어(magic square)'라는 이름으로 불렸다.

"그래, 그런데 거북이의 등에 무늬가 새겨져 있었던 거야. 사람들은 이 무늬에 놀라운 비밀이 있다는 것을 발견하게 됐지."

"각 줄의 숫자들을 더하면 모두 15가 된다는 것을 알게 된 거네요."

"그렇지. 그래서 이 신비로운 무늬의 그림을 하늘이 인간 세계에 보내 준 것이라고 믿게 되었단다. 그때부터 사람들은 이 숫자들을 아주 귀하게 여기게 되었지. 그리고 낙수로부터 얻은 하늘의 글이라는 뜻으로 '낙서'라고 불렀단다."

"강물이 넘쳐 농사를 망치는 일을 그 숫자들이 막아 준다고 생각한 거로군요."

"그렇지. 뿐만 아니라, 사람들은 이것이 재앙도 막아

주고 복도 가져다주는 신비한 수라고 믿게 되었단다."

"그래서 아버지도 낙서를 붙이신 거예요?"

"그래. 농사도 풍년이길 빌고 너도 과거에 합격하기를 비는 마음에서 붙였지. 네 방에도 하나 가져가서 붙이렴. 그럼 공부가 한결 잘될 거야."

아버지는 수돌이에게 낙서 한 장을 건네주었습니다.

'하도(河圖)'의 전설

마방진과 관련된 전설이 있다. 중국 삼황오제 시대의 복희씨 때 일이다. 황허에서 아주 뛰어난 말 용마가 나왔는데, 용마의 입에는 두루마리가 물려 있었다. 그 두루마리에 그림이 그려져 있었는데 숫자로 나타내면 1에서 9까지 십자형의 숫자 표가 되었다. 이 마방진을 '하도'라고 부른다.

하도는 짝수는 검게, 홀수는 희게 표시했는데 이것은 음과 양을 나타낸 것이다. 홀수와 짝수를 순서쌍으로 짝 지워 음양의 조화를 나타내고 있는 것이다.

하도의 숫자 (7, 2), (8, 3), (4, 9), (1, 6)은 어떤 비밀이 있을까?

7 - 2 = 5, 8 - 3 = 5

9 - 4 = 5, 6 - 1 = 5

조선 시대의 유학자 서경덕은 공부할 때 하도를 벽에 걸어 놓았다고 전해진다. 중국에서 하도가 발견되고 4천 년 뒤에 미국의 벤자민 프랭클린(1706~1790년)이 하도와 똑같은 마방진을 만들었는데, 이것은 '프랭클린의 마방진'으로 불린다.

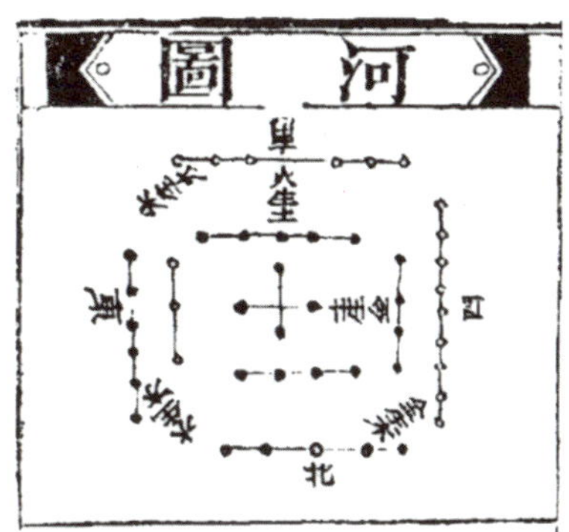

河圖

河圖者伏羲氏王天下龍馬負圖出河遂則其文以畫八卦

河圖以相生爲序故右行自北而東而南而中而西而復始於北

'하도'는 황허에서 나온 그림이라는 뜻이다.

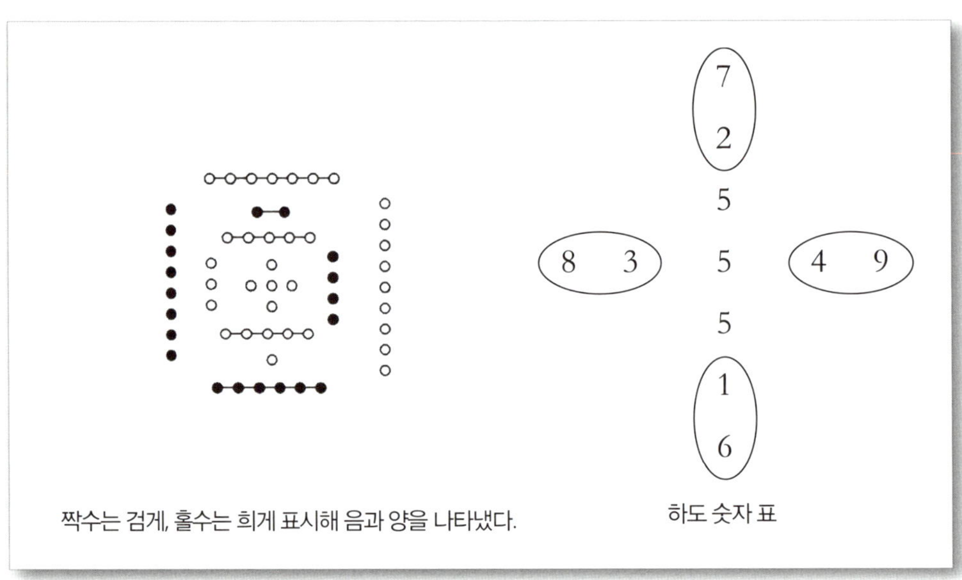

짝수는 검게, 홀수는 희게 표시해 음과 양을 나타냈다.

하도 숫자 표

홀수 마방진

낙서가 나온 뒤 마방진에 대한 연구가 활발해져서 3×3형의 마방진뿐만 아니라 4×4, 5×5, 6×6 등의 마방진도 만들어졌습니다.

그중에서 3×3, 5×5와 같이 가로, 세로의 숫자 개수가 홀수인 마방진을 홀수 마방진이라고 하며, 낙서처럼 가로, 세로 3개의 숫자로 된 3×3형의 마방진을 '3차 마방진'이라고 한답니다.

그러면 3×3형의 3차 마방진을 만들어 볼까요?

먼저 가로와 세로를 3칸씩, 빈칸이 9개 있는 정사각형을 〈그림 1〉과 같이 만들어 봅시다. 그리고 〈그림 2〉와 같이, 1부터 9까지의 숫자를 차례대로 왼쪽 위부터 오른쪽 아래의 대각선 방향으로 3개씩 나누어 써 넣습니다.

그리고 정사각형 바깥쪽에 있는 각 숫자를 가운데를 중심으로 위와 아래 숫자끼리 바꾸고, 양 옆의 숫자끼리도 바꾸어 줍니다. 즉, 1과 9의 자리를 바꾸고 7과 3의 자리를 바꿉니다. 그러면 〈그림 3〉과 같이 되지요.

그 다음에 정사각형 바깥 에 있는 숫자를 바로 옆의 빈칸에 넣어서 〈그림 4〉와 같이 완성하면 됩니다.

〈그림 4〉의 완성된 3차 마방진은 바로 낙서와 같습니다.

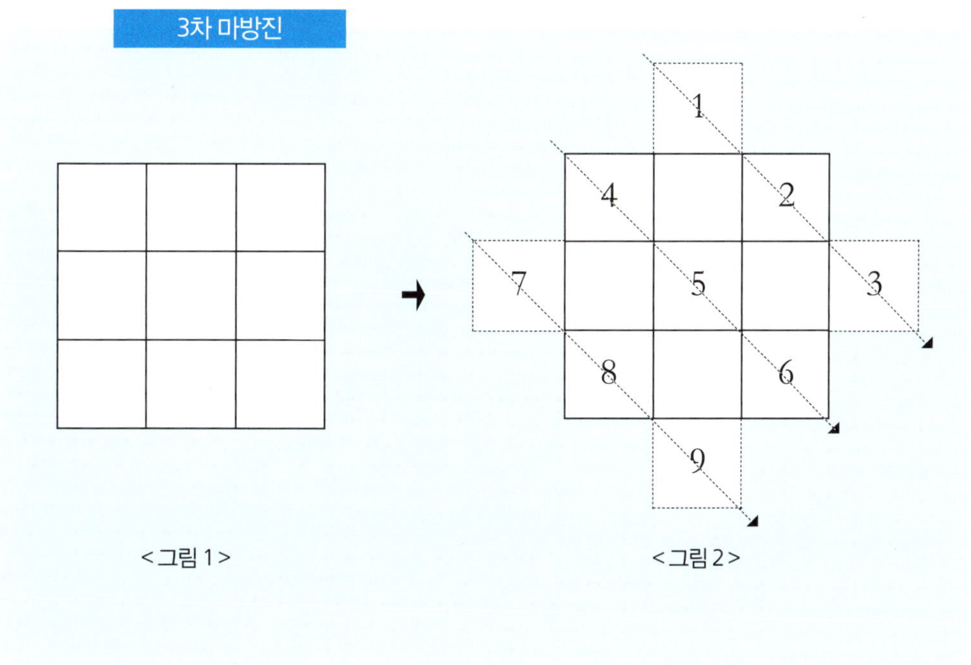

<그림 1>

<그림 2>

		9		
	4		2	
3		5		7
	8		6	
		1		

<그림 3>

→

4	9	2
3	5	7
8	1	6

<그림 4>

같은 방법으로 5차(5×5) 마방진을 만들 수 있습니다. 5차 마방진은 1부터 25까지 모두 25개의 칸이 필요합니다. 5차 마방진은 가로와 세로, 두 대각선의 숫자들의 합이 모두 65가 됩니다.

5차 마방진

11	24	7	20	3
4	12	25	8	16
17	5	13	21	9
10	18	1	14	22
23	6	19	2	15

짝수 마방진

홀수 마방진이 있듯이 짝수 마방진도 있습니다. 가로와 세로의 숫자들이 짝수의 개수로 있는 마방진을 짝수 마방진이라고 부릅니다. 그러면 짝수 마방진은 어떻게 만들까요?

4×4의 4차 마방진은 가로, 세로 4줄의 16개의 숫자로 만듭니다. 완성된 4차 마방진을 보면, 가로줄인 (16, 2, 3, 13), (5, 11, 10, 8), (9, 7, 6, 12), (4, 14, 15, 1)의 합과 세로줄인 (16, 5, 9, 4), (2, 11, 7, 14), (3, 10, 6, 15), (13, 8, 12, 1)의 합이 모두 34입니다. 또 대각선 (16, 11, 6, 1), (13, 10, 7, 4)의 합도 34입니다.

4차 마방진을 응용해서 다른 짝수 마방진도 만들 수 있습니다.

4차 마방진

16	2	3	13
5	11	10	8
9	7	6	12
4	14	15	1

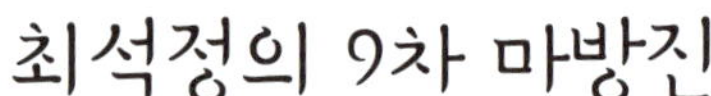

최석정의 9차 마방진

우리나라에 마방진 놀이가 본격적으로 소개된 것은 중국의 양휘가 지은《양휘산법》이라는 수학 책을 통해서였다. 특히 조선 시대 유학자들은 여러 종류의 마방진을 많이 만들었는데, 그 가운데 최석정(1646~1717년)의 마방진은 아주 재미있는 것이었다.

영의정까지 지낸 정치가였던 최석정은《구수략》이라는 수학 책을 쓴 수학자이기도 하다. 《구수략》에는 몇 가지 마방진이 소개되어 있다. 그중 9차 마방진은 그때까지 누구도 만든 적이 없는 것이었다.

최석정의 9차 마방진은 9행 9열로 1부터 81까지의 정수를 중복 없이 배열한 것이다. 가로, 세로, 대각선의 숫자들을 합하면 모두 369가 된다.

가로줄 1행(50, 18, 55, 70, 5, 48, 3, 76, 44)의 합이 369가 되고, 그 아래 각 행의 합도 369가 된다.

그리고 세로줄 1열(50, 66, 7, 54, 59, 10, 79, 30, 14)의 합이 369가 되고, 그 옆의 각 행의 합도 마찬가지로 합이 369가 된다. 또한 두 대각선의 합도 각각 369가 된다.

이 마방진을 가지고 또한 9개의 작은 마방진을 만들 수 있는데, 이 작은 마방진들은 가로, 세로의 합이 모두 123이 된다. 예를 들어 맨 마지막 9번째 작은 마방진 ①를 보면 가로줄 (32, 64, 27), (16, 51, 56), (75, 8, 40)은 각각의 합이 모두 123이고, 세로줄의 합도 마찬

	1열	2열	3열	4열	5열	6열	7열	8열	9열
1행	ⓐ50	18	55	ⓓ70	5	48	3	76	44ⓖ
2행	66	31	26	29	81	13	52	11	60
3행	7	74	42	24	37	62	68	36	19
4행	ⓑ54	67	2	ⓔ65	25	33	28	23	72ⓗ
5행	59	21	43	9	41	73	15	61	47
6행	10	35	78	49	57	17	80	39	4
7행	ⓒ79	6	38	ⓕ20	69	34	32	64	27ⓘ
8행	30	71	22	45	1	77	16	51	56
9행	14	46	63	58	53	12	75	8	40

가지로 123이다.

최석정은 또 사각형 모양뿐 아니라 원형, 오각형, 육각형 등 여러 가지 도형으로 배열한 마방진도 많이 만들었으며, 심지어는 거북이 등 모양을 한 마방진까지 만들었다.

[illegible]見一作五

足位退無差商除商除於正二定石者今石上定十 商除人上得丈皆今人上定十

足斛米二百二十九石八升別為八斗三升法斛幾何

[illegible]二百七十六石

術曰置足斛為實為身[illegible]以求身為伯用[illegible]從[illegible]

位求起言十次身言如退位布之

捎回見一下十七 見二下三十四 見三下五十一

見四下六十八 見四乙五作五 遇八十三成百

乙五為中[illegible] 商不明亦可 見五下一百二 見六下百十九

見七下百三十六 見八下百五十三

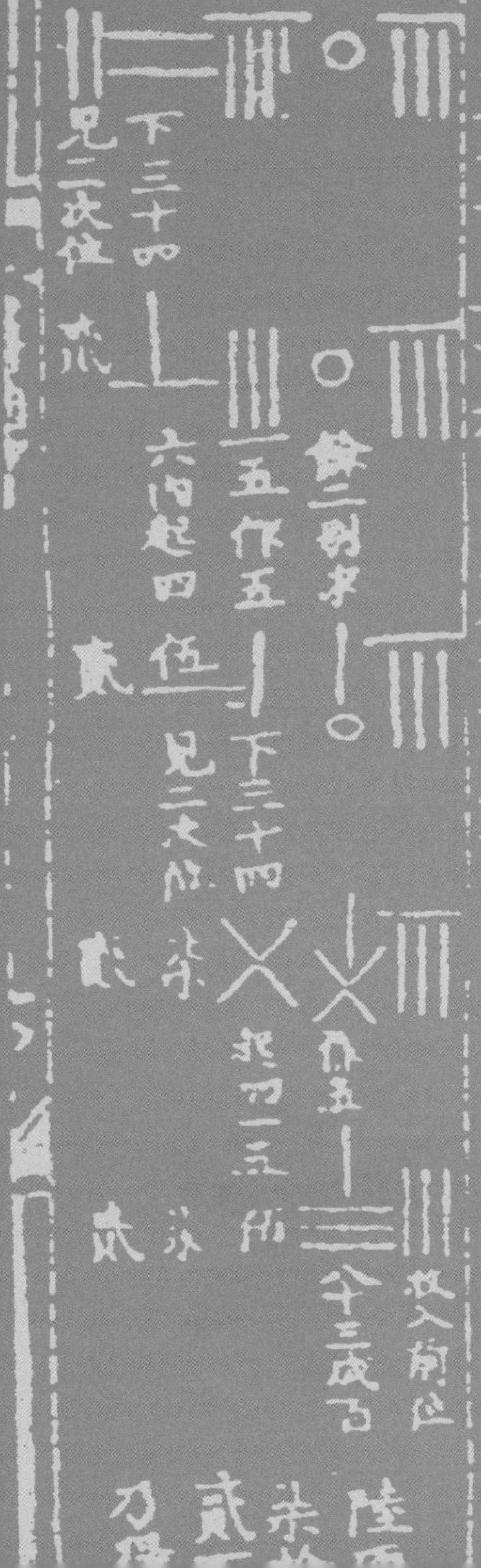

下三十四 見二次位

五作五 六內起四位

下三十四 見二次位

收入前位

과거를 보러 가요

산학 과거는 이틀 연달아 치러졌다. 시험 첫날은 보통 6명의 시험관이 나와 학생들이 《구장산술》을 잘 외우고 있는지 확인한다. 둘째날은 다시 6명의 시험관이 돌아가면서 1문제씩 6문제를 내는데, 그 중에서 4문제를 풀어야만 시험에 통과할 수 있었다. 이 시험에 합격하면 산사가 되어 바로 관직을 얻게 된다.

《구장산술》로 마무리를 …

산생이 된 수돌이는 그동안 산학 공부를 열심히 했습니다. 《구장산술》을 눈 감고 줄줄 외울 수 있을 정도로 읽고 또 읽었습니다. 《산학계몽》, 《양휘산법》도 몇 번이나 풀어 보았습니다. 그러다 보니 어렵게만 느껴지던 《산학계몽》의 문제들이 술술 풀리면서 어느덧 자신감까지 생겼습니다.

이제 며칠 있으면 산학 시험을 보게 됩니다. 수돌이는 박 산사를 찾아가 마무리 복습을 하기로 했습니다. 박 산사가 예상 문제를 뽑아 주기로 했거든요.

"자, 여기 쪽지 1장에 1문제씩 적혀 있단다. 《구장산술》 각 장에서 1문제씩 뽑았지. 내가 1장씩 줄 테니 풀어 보아라."

"그럼 쪽지가 모두 9장이에요?"

"그렇단다. 오늘은 《구장산술》에서 시험을 보고, 내일은 《산학계몽》 문제를 풀기로 하자."

"네."

수돌이는 답을 쓸 종이를 펴 놓고 문제를 기다렸습니다.

"맨 처음은 제 1장 방전 문제이다."

수돌이는 떨리는 마음을 가라 앉히며 문제를 받아 들고 펴 보았습니다.

"아! 이건 제 1장의 31번 문제네요."

수돌이는 첫 문제부터 순식간에 알아보았습니다.

"허허, 수돌이가 문제의 번호까지 다 외웠구나. 그래, 답을 구해 보아라."

수돌이가 받은 쪽지에는 다음과 같은 문제가 있었습니다.

제 1장 '방전' : 둘레가 30보, 지름이 10보인 원형 모양의 밭 넓이는 얼마인가?

수돌이는 문제를 풀고 나서 설명을 덧붙였습니다. 사실 이 정도는 암산으로도 할 수 있습니다.

"지름이 10보이면 반지름이 5보가 돼요. 원의 넓이는 반지름 곱하기 반지름 곱하기 원주율이니까, 5 곱하기 5에 원주율 3을 곱하면 답은 75보예요."

"그래, 맞았다. 그럼 이번엔 2장 문제다. 받아라."

수돌이가 받은 쪽지에는 이런 문제가 적혀 있었습니다.

제 2장 '속미' : 720전으로 천 12장을 샀다. 천 1장은 얼마인가?

수돌이는 자신있게 풀어 나갔습니다.

"천 1 이 4장이니까, 천 12장은 6장이 됩니다. 따라서 천 1장의 값은 720전을 6장으로 나눈 120전이 되지요."

"이번에도 맞았다. 다음 문제는 3장 쇠분이다."

그 다음 쪽지를 받아 든 수돌이는 고개를 갸우뚱거렸습니다.

"이건 쇠분 5번에 나오는 문제 같은데 뭔가 좀 달라요."

"그래, 내가 숫자를 바꿨다. 하지만 원리를 안다면 어렵지는 않을 거야."

"네······."

수돌이는 문제를 찬찬히 읽었습니다.

제 3장 '쇠분': 북부에는 432명, 서부에는 240명, 남부에는 128명의 청년이 있다. 이 세 고을에서 청년 100명을 같은 비율로 모집하려면, 몇 명씩 모집하면 좋은가?

수돌이는 이번에는 조금 긴장을 했습니다.

"세 고을의 청년들을 모두 합하면 800명이 되네. 그런데 청년은 100명밖에 뽑지 않으니까, 전체 800명 중에서 각 고을 청년의 비율을 구하면 되지. 그러고 나서 그 비율에 100을 곱하는 거야."

수돌이는 혼잣말로 중얼거리며 문제를 풀어 나갔습니다. 수돌이는 종이에 다음과 같은 풀이와 답을 썼습니다.

북부 $\frac{432}{800} \times 100 = 54$명

서부 $\frac{240}{800} \times 100 = 30$명

남부 $\frac{128}{800} \times 100 = 16$명

"답이 맞나 알아 볼까? 북부 54명, 서부 30명, 남부 16명을 합하면 100명이네."

수돌이는 답이 맞는지 틀린지 검산까지 해 보고는 박 산사에게 답을 말했습니다. 이번 문제도 정답이었어요. 박 산사는 다음 문제를 냈습니다.

제 4장 '소광': 폭(가로)이 1보 반인 밭의 넓이를 1무(240보)로 만들 때 길이(세로)는 얼마인가?

"이 문제는 너무 쉬워요."

수돌이는 쉬운 문제가 나오자 신이 났습니다. 금방 답을 구할 수 있었지요.

"가로가 1보 반이면 1.5보이고, 가로와 세로를 곱한 밭의 넓이가 1무면 240보잖아. 그러면 세로에 1.5보를 곱한 값이 240보라는 뜻이니까, 240을 1.5로 나눈 160이 세로 값이지. 답은 160보예요."

"그래, 맞았다. 그럼 다음 5장과 6장 문제를 받아라. 나는 일이 있어 잠시 나갔다 오마."

"네, 다녀오세요."

박 산사는 방을 나갔습니다.

제 5장 '상공': 직육면체 모양의 작은 성곽이 있다. 바닥은 정사각형인데 한 변의 길이는 1장 6척, 높이는 1장 5척이다. 이 성의 부피는 얼마인가?

"이 문제도 책에 나온 거네. 음, 1장이 10척이니까 1장 6척은 16척이고, 1장 5척은 15척이지. 부피는 가로와 세로와 높이를 곱해서 구해야 해. 그런데 바닥이 정사각형이니까 가로와 세로의 길이가 같아. 따라서 성의 부피는 가로 16척, 세로 16척에 높이 15척을 곱한 3840입방척이야."

수돌이는 책에서 풀어 본 문제가 나오자 금방 풀었어요. 그리고 6장 문제가 적힌 쪽지를 읽었습니다.

"어? 이건 생각을 좀 해 봐야겠는데……."

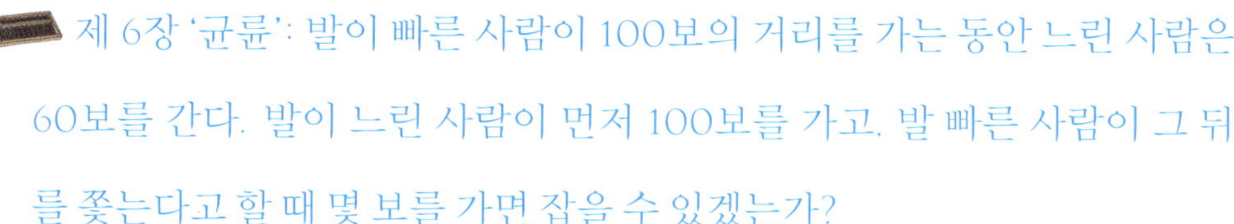

제 6장 '균륜': 발이 빠른 사람이 100보의 거리를 가는 동안 느린 사람은 60보를 간다. 발이 느린 사람이 먼저 100보를 가고, 발 빠른 사람이 그 뒤를 쫓는다고 할 때 몇 보를 가면 잡을 수 있겠는가?

"100보를 가는 사람과 60보를 가는 사람의 차이는 40보야. 하지만 다음에 어떻게 하는 거였지?"

수돌이는 붓을 든 채 잠시 망설였습니다. 그러더니 계산을 하는 대신 그림을 그리기 시작했습니다.

"어휴, 계산하는 방법을 모르겠어. 그림을 그려 보면 알 수 있을 거야. 우선 발이 느린 사람이 100보를 먼저 갔으니까……."

수돌이는 직선을 긋고 100보라고 표시를 했어요. 그리고 직선을 이어 그린 다음 60보라고 썼어요. 그러고 나서 또 60보만큼 되도록 직선을 계속해서 그었답니다.

"그리고 발이 빠른 사람이 뒤좇아 100보씩 간다면……."

수돌이는 이번엔 그려 놓은 직선 아래에 발이 빠른 사람이 간 거리를 직선으로 그었습니다.

"이렇게 그리다 보면, 발이 느린 사람과 빠른 사람이 만날 거야."

수돌이는 직선을 긋다가 멈췄습니다.

"아! 만난다. 250보에서 만나. 와아! 풀었다."

그때 박 산사가 들어왔습니다.

"수돌아, 다 풀었느냐?"

"네. 5장 문제의 답은 3840척이고요, 6장 문제의 답은 250보예요."

"그래, 맞았구나. 어디 보자."

박 산사는 수돌이가 문제를 푼 종이를 훑어보았습니다.

"이런, 이건 그림을 그려 풀었구나. 왜 계산 방법이 생각나지 않던?"

"네, 어떻게 푸는 건지 생각이 안 나서……."

수돌이는 머리를 긁적였습니다.

"그래, 생각이 나지 않을 때에는 그림을 그려 보는 것도 좋은 방법이지. 하지만 이렇게 계산하면 풀린단다. 잘 보렴."

박 산사는 수돌이가 그린 그림 밑에 식을 쓰며 설명을 해 주었습니다.

"발이 빠른 사람과 느린 사람의 차이는?"

"100보에서 60보를 빼면 40보예요."

수돌이가 재빠르게 대답을 했습니다.

"그렇지. 그럼 발이 빠른 사람의 걸음인 100보를 두 번 곱하면 10000보가 되겠지. 이걸 두 사람의 차이인 40보로 나눠 주면 된단다. 이렇게 말이다."

$100-60=40$보, $\frac{10000}{40}=250$보

수돌이는 박 산사가 쓴 식을 보고 그제서야 생각이 났습니다.

"아, 맞다! 이렇게 계산하면 금방이네요."

박 산사는 다음 문제가 적힌 쪽지를 수돌이에게 주었습니다.

"자, 그럼 이건 7장 문제다."

"문제가 점점 어려워져요."

"그럴 게다."

수돌이는 쪽지를 받아 들고 문제를 읽어 보았습니다.

제 7장 '영부족' : 공동으로 물건을 구입하는데 한 사람이 8전씩 내면 3전이 남고, 7전씩 내면 4전이 부족하다. 사람 수와 물건 값은 각각 얼마인가?

"이건 방정식 문제예요. 사람 수를 x라고 하고, 각각 8전씩 내면 $8x$가 되고, 또 3전이 남으니까……, 물건 값은 $8x$보다 3이 더 적어야 돼요.

그래서 물건 값은 $8x-3$."

"허허, 수돌이가 방정식을 잘 만드는구나. 그리고 그 다음엔?"

박 산사는 수돌이가 세우는 식을 관심있게 지켜보았습니다.

"그리고 7전씩 내면 $7x$가 되는데 4전이 부족하니까, 물건 값은 $7x$보다 4전이 더 비싸요. 많은 거죠. 그래서 물건 값은 $7x+4$. 그리고 두 식이 같은 값이니까……."

수돌이는 종이에 방정식을 계산했습니다.

$8x-3=7x+4$

$8x-7x=3+4$

$\therefore x=7$, 사람 수는 7명

수돌이는 첫 번째 식에 사람 수($x=7$)를 대입했습니다.

"사람 수를 알았으니까, 이제 만들어 놓은 식을 완성할 수 있지요. 8전씩 7명이 냈는데 3전이 남았다면, 물건 값은 56에서 3을 뺀 53이에요. 그러니까 사람 수는 7명이고 물건 값은 53전이에요."

"그래, 맞았다. 방정식을 제법 잘 푸는구나. 자, 옜다. 이건 8장과 9장 문제란다."

"어? 한꺼번에 주시는 거예요?"

"그래, 곧 손님이 온다고 했단다. 이 문제는 집에서 풀어 오너라."

"네."

수돌이는 문제가 적힌 쪽지를 받았습니다.

"책은 보지 말고 풀어야 한다. 답은 내일 함께 맞춰 보자꾸나."

"네, 걱정마세요. 제 힘으로 풀어 오겠습니다."

수돌이는 박 산사가 낸 문제를 읽어 보고는 자신있게 대답했습니다.

"그래, 너는 풀 수 있을 거야. 내일은《산학계몽》에서 문제를 내마."

수돌이는 문제 쪽지를 들고 집으로 갔습니다. 그러고는 집에 도착하자마자 문제부터 풀기 시작했습니다.

제 8장 '방정': 소 5마리와 양 2마리의 값은 금 12냥이다. 또 소 2마리와 양 5마리의 값은 금 9냥이다. 소와 양은 1마리에 각각 얼마인가?

"소 5마리와 양 2마리의 값이 금 12냥인 것으로 식을 만들고, 소 2마리와 양 5마리의 값이 금 9냥인 것으로 식을 만들면, 모두 2개의 방정식이 되지. 연립방정식으로 풀어야겠구나."

2개의 방정식에 공통된 수가 생기게 하고 두 식을 빼 주면 1개의 방정식으로 만들 수 있습니다. 이것을 연립방정식이라고 합니다. 수돌이는 먼저 양의 수를 같게 해서 소의 수를 구했습니다.

5소+2양 = 12(양의 수가 같아지도록 양변에 5를 곱해 준다.)

25소+10양 = 60 → ①

2소+5양 = 9(양의 수가 같아지도록 양변에 2를 곱해 준다.)

4소+10양 = 18 → ②

①식에서 ②식을 빼면, 21소 = 42 이고, 소 = 2

그 다음에 소의 수를 구해 대입했더니 양의 수를 구할 수 있었습니다.

5소+2양 = 12 → 5×2+2양 = 12 → 10+2양 = 12

2양=12-10 = 2

2양 = 2, 양 = 1

"정답은 소 1마리에 금 2냥, 양 1마리에 금 1냥이야."

제 9장 '구고' : 직각삼각형의 짧은 변의 길이는 3척, 긴 변의 길이는 4척이다. 빗변의 길이는 얼마인가?

"직각삼각형 세 변의 길이의 비는 3:4:5야. 따라서 두 변이 각각 3척, 4척이면 빗변은 5척이 돼. 와아! 다 풀었다."

수돌이는 마지막 답을 쓰고는 활짝 기지개를 폈습니다.

산학 시험장

오늘은 산학 과거를 보는 날입니다. 수돌이는 콩닥콩닥 떨리는 마음을 가라앉히며 아침 일찍 시험장으로 갔습니다. 시험은 이틀에 걸쳐 보게 됩니다.

오늘은 시험 첫날입니다. 6명의 시험관이 수돌이 앞에 앉아 있습니다. 한 시험관이 말했습니다.

"《구장산술》의 제 5장을 외워 보게."

"제 5장은 '상공'입니다. 토목공사에 대한 것과 각종 부피를 다룹니다. 첫 문제는 '지금 흙이 1만 입방척 있는데, 진흙인 경우와 모래흙인 경우 각각 얼마인가?'입니다. 보통 땅을 파서 나오는 흙이 4라면 모래흙은 5, 진흙은 3이 됩니다. 따라서 진흙일 경우 7500입방척, 모래흙일 경우는……."

수돌이는《구장산술》의 내용을 줄줄 외웠습니다.

"잘했네, 아주 훌륭해."

시험관들은 흐뭇한 얼굴로 서로를 보며 고개를 끄덕였습니다. 이처럼 훌륭하게《구장산술》을 외워 보이고 그 이치까지 잘 설명하는 뛰어난 학생이 있다는 것이 기뻤습니다.

시험 둘째날, 수돌이는 다시 시험장으로 갔습니다. 이번에는 6명의 시험관이 1문제씩 6문제를 내는데, 그중에서 4문제를 풀어야 시험에 통과할 수 있습니다.

수돌이는 시험관들 앞에 앉았습니다. 첫날 시험을 훌륭히 통과한 수돌이를 시험관들은 주의 깊게 바라보았습니다.

한 시험관이 말했습니다.

"자네 이름이 김수돌인가?"

"네, 그러하옵니다."

수돌이의 이름을 물어본 시험관이 문제를 냈습니다.

"첫 번째 문제일세. 실 1근의 값이 320전인데, 지금 실이 7냥 있네. 이 실을 모두 팔면 값은 얼마인가?"

수돌이는 잠시 종이에 계산을 했습니다. 그리고는 자신 있게 대답했습니다.

"140전이 되옵니다. 실 1근은 16냥이므로, 7냥을 16으로 나누고 여기에 320을 곱하면 답이 140전이 나옵니다."

이번에는 다른 시험관이 문제를 냈습니다.

"쌀 10섬을 넣을 수 있는 큰 뒤주가 있네. 이 직육면체 뒤주의 부피가 27입방척인데, 가로는 4.5척이고 세로는 2척이라네. 그럼 높이는 얼마가 되는가?"

직육면체의 부피를 계산하는 문제였습니다. 이번에도 수돌이는 자신있게 대답했습니다.

"부피는 가로 곱하기 세로 곱하기 높이이므로, 높이는 3척입니다."

수돌이가 정답을 맞히자 시험관들이 고개를 끄덕였습니다.

"맞았네. 이번 문제는 좀 어려울 걸세. 갑, 을, 병 세 사람이 돈 100냥을 나눠 가지려고 하네. 을은 갑의 $\frac{2}{3}$를 가져가고, 병은 갑보다 28냥 적게 가져간다고 한다면 세 사람의 몫은 각각 얼마가 되는가?"

수돌이는 앞에 놓여 있던 산가지 주머니를 재빨리 열어 성냥개비보다 조금 더 긴 산가지들을 꺼냈습니다. 그러고는 산가지들을 어떤 모양으로 이리저리 옮기기 시작했습니다. 산가지들을 몇 번 옮겨 본 뒤 수돌이는 답을 말했습니다.

"갑은 48냥이고 을은 32냥, 병은 20냥입니다."

수돌이가 대답하자, 시험관은 아주 흡족한 듯 말했습니다.

"맞았네. 자네는 천원술을 척척 잘 푸는군!"

천원술이란 방정식을 말합니다. 수돌이는 산가지로 방정식을 풀었습니다.

다음 시험관이 수돌이에게 말했습니다.

"3문제를 모두 맞혔네. 이제 나머지 3문제는 좀 복잡한 문제이니 필기시험으로 보겠네. 여기 종이에 적힌 문제들을 풀어서 답을 제출하고 나가면 된다네."

수돌이가 문제지를 받자, 다른 시험관이 수돌이에게 관심을 보이며 말했습니다.

“자네는 3문제를 모두 맞혔으니 이제 1문제만 더 맞히면 산학 시험에 통과하는 걸세. 잘 풀어 보게.”

수돌이는 필기시험도 모두 잘 풀었습니다. 4문제만 통과해도 시험에 합격하는 데 말입니다.

수돌이는 산학 과거에 당당히 합격했습니다. 그토록 바라던 산사가 된 것입니다. 게다가 이번 과거에서 8명이 합격했는데 수돌이의 성적이 가장 뛰어났습니다.

수돌이는 나랏일을 맡는 관청 중 호조에서 일하게 되었습니다. 토지와 집, 인구를 조사하고 세금을 매기고 거둬들이는 일을 하게 된 것입니다.

산사가 되려는 수돌이의 꿈이 드디어 이루어졌습니다.

수돌이의 산학시험 문제 풀이 과정

【첫 번째 문제】 실 1근의 값이 320전인데, 실이 7냥 있을 때 모두 팔면 얼마인가?

실 1근은 16냥이므로 $\frac{7}{16} \times 320 = 7 \times 20 = 140$전

【두 번째 문제】 쌀 10섬을 넣을 수 있는 큰 직육면체 뒤주의 부피가 27입방척일 때 뒤주의 가로가 4.5척, 세로가 2척이면 높이는 얼마인가?

직육면체의 부피 : 가로×세로×높이 = 27입방척

4.5×2×높이 = 27

9×높이 = 27

∴ 높이 = 27÷9 = 3척

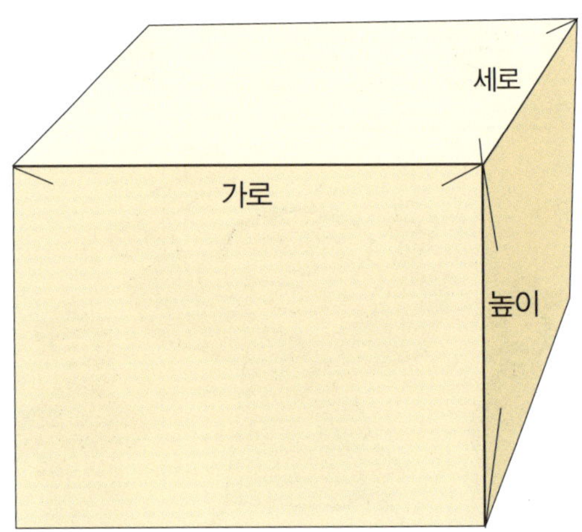

【세 번째 문제】 갑, 을, 병 세 사람이 돈 100냥을 나눠 가지려 한다. 을은 갑의 $\frac{2}{3}$를 가지고, 병은 갑보다 28냥 적게 가진다고 한다면 세 사람의 몫은 각각 얼마가 되는가?

갑을 x라고 하면,

을은 갑의 $\frac{2}{3}$를 가지므로 $\frac{2}{3}x$,

병은 갑보다 28냥이 적으므로 $x - 28$

식을 정리하면,

갑 : x , 을 : $\frac{2}{3}x$, 병 : $x - 28$

갑, 을, 병을 합친 돈 : $x + \frac{2}{3}x + (x - 28) = 100$

$x + \frac{2}{3}x + x - 28 = 2x + \frac{2}{3}x - 28 = 100$

$\frac{8}{3}x = 100 + 28 = 128$

$\therefore x = \overset{16}{128} \times \frac{3}{\underset{1}{8}} = 16 \times 3 = 48$

갑 = 48, 을 = $\frac{2}{3} \times 48 = 32$, 병 = 48 - 28 = 20

∴ 갑 48냥, 을 32냥, 병 20냥

이 문제는 수학 책 《상명산법》에 나오는 문제이다. 세 번째 문제를 풀려면 천원술을 알아야 한다. 옛날에는 방정식을 푸는 것을 천원술이라고 했는데, 산가지셈으로 푼다. 우리나라에서 천원술을 산가지셈으로 푸는 것은 조선 시대 후기까지도 계속 이어졌다.

定

言[illegible]見一作五

定位退無差商除於石上定石者今石上定十商除人上得丈者合人上定十

定斛米二百二十九石八升問爲八斗三升法斛幾何

[illegible]二百七十六石

術曰置見斛爲實爲身當以求身爲伯用[illegible]從實

位求起言十次身言如是位布之

招四見一下十七　見二下三十四　見三下五十一

見四下六十八　見四乙五作五　遇八十三成百

四四乙元歸中歸句不明者可

見五下一百二　見六下百十九

見七下百三十六　見八下百五十二

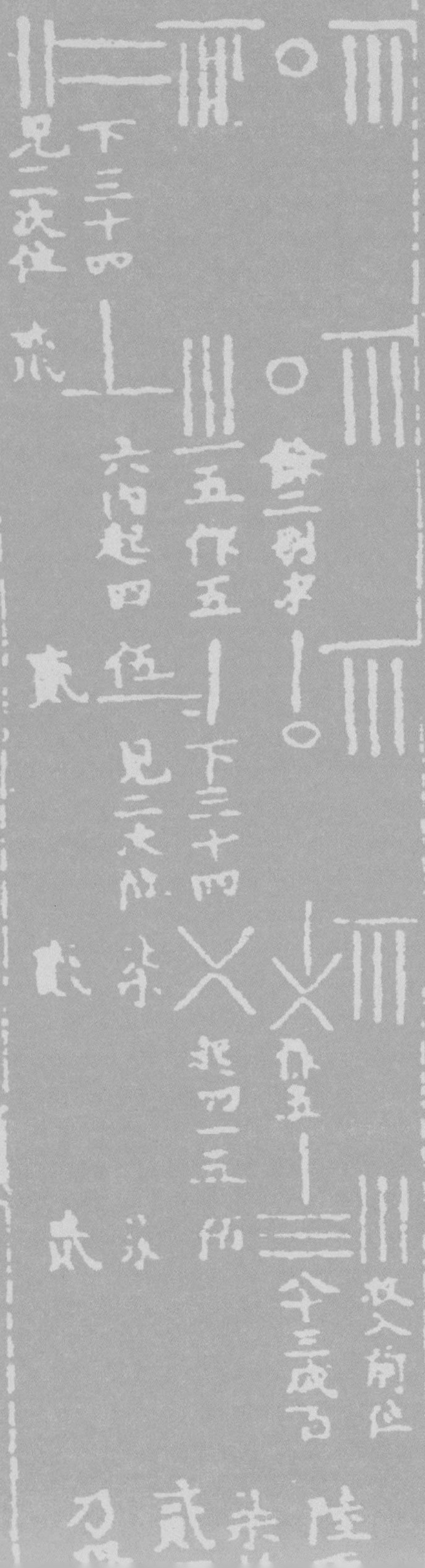

○　○

餘三斛求

下二十四　五作五

見二次位　下三十四　六內起四位

收入前位　今三歲乃

陸　米　貳　刀

산사가 된 수돌이

산사는 수학을 공부하는 사람으로 산학자라고도 한다. 조선 시대에는 과거에 수학 과목을 보는 산학과가 있었고, 이 산학 시험에 합격하면 산사가 되었다. 산사의 신분은 중인이었는데 중하급 기술 관료직이었다. 산사들은 마을의 논과 밭의 넓이를 측정할 뿐만 아니라, 곡식 수확량을 조사하여 세금을 계산했다. 추수 때가 되면 산사들이 직접 마을마다 다니며 수확량을 조사했다.

숙제
세상에서
제일 큰 수
찾아오기
-김산사-

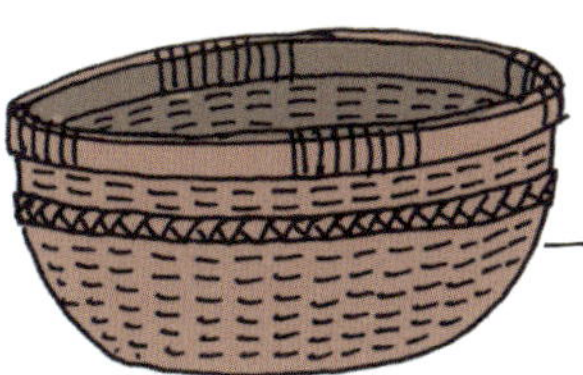

세금을 얼마나 내야 하나요?

수돌이는 토지를 측량하고 곡식의 수확량을 조사했으며, 세금을 계산하는 일도 했습니다. 시험에서 우수한 성적으로 산사가 된 수돌이는 곧 뛰어난 계산 실력을 인정받았습니다.

수돌이는 경기도 어느 마을로 벼 수확량을 조사하러 나갔습니다.

마을은 추수를 하느라고 모두들 분주했습니다. 노인과 아이 할 것 없이 모두 나와 일을 거들었습니다. 추수를 마친 들녘에는 볏단이 높다랗게 쌓여 있었고, 마당에서는 타작을 했습니다.

오늘은 윗마을 박 첨지 집에서 두렛일을 하는 날입니다. 그래서 마을 사람들은 모두 박 첨지네 논의 추수를 거들고 있습니다. 수돌이는 볏섬이 높다랗게 쌓인 박 첨지 집을 방문했습니다. 박 첨지네는 이 마을에서 수확이 가장 많은 집입니다. 그래서 타작한 볏섬을 살피러 나온 것입니다.

"어이구, 수고들 많으십니다. 올해도 풍년이군요!"

마당을 들어서며 수돌이가 말했습니다. 마을 사람들은 추수한 볏단을 쌓고 타작을 하느라고 바빴지만, 낯선 사람이 들어오자 다들 호기심 어린 눈으로 바라보았습니다. 마을 이장이 산사를 소개했습니다.

"이번에 새로 오신 김수돌 산사입니다."

"어서 오시오. 수고가 많소."

박 첨지는 수돌이에게 인사를 했습니다. 수돌이가 장부를 보며 말했습니다.

"작년에는 334섬을 수확하셨네요."

"네, 그렇습니다. 올해도 농사가 잘 되었지요."

수돌은 쌓아 놓은 볏가마를 세기 시작했습니다.

"올해는 작년보다 수확이 늘었습니다. 모두 374섬이군요. 작년보다 40섬이 많습니다."

"올해는 벼가 아주 잘 여물었지요."

"토질이 좋은 논에서 248섬을, 토질이 좋지 않은 논에서 126섬을 거뒀군요."

박 첨지가 볏섬을 만지며 흐뭇해하자, 옆에 있던 이장이 참견을 했습니다.

“올해도 박 첨지댁이 우리 마을에서 세금을 가장 많이 내겠구려.”

“그렇지요.”

수돌이는 당연하다는 듯이 맞장구를 쳤습니다.

“세금은 몇 섬이나 내야 되겠소?”

박 첨지가 물었습니다.

“작년에는 374섬을 수확하여 세금으로 78섬 6말을 내셨군요.”

장부를 보고 있던 수돌이가 이번에는 들고 있던 자루를 풀었습니다. 자루에는 8개의 계산막대가 들어 있었습니다. 수돌이는 곧 계산막대로 곱셈을 하기 시작했습니다. 산학을 배우기 전부터 아버지에게서 계산막대 사용법을 배운 수돌이는 곱셈 계산을 순식간에 해냈습니다.

수돌 산사는 자루에 있는 막대 중에서 3개를 꺼내 잠시 계산을 하고는, 종이에 계산한 수를 썼습니다. 그리고 그 막대들을 자루에 도로 집어넣고, 또 다른 3개의 막대를 꺼냈습니다. 그러고는 다시 계산을 해 종이에 적으며 말했습니다.

"세금은 모두 87섬 2말이 되겠습니다."

"그렇게나 많소? 틀림없소? 다시 한 번 해 보시오."

"글쎄, 제 계산이 틀림없습니다. 토질이 좋은 논에서 거둔 좋은 벼는 1섬당 2말 5되를 세금으로 내야 하는데, 모두 248섬이니 62섬을 세금으로 내야 합니다."

"그렇게나 많이······."

"그리고 토질이 좋지 않은 논에서 나온 것은 1섬당 2말을 내는데, 모두 126섬이니 25섬 2말을 세금으로 내야 되지요. 합하면 87섬 2말이 됩니다."

"너무 많아요."

박 첨지가 아쉬운 듯 말했습니다.

수돌이는 세금을 계산해 주고 박 첨지 집을 나왔습니다. 그때입니다.

수돌이는 어떻게 풀었을까요?

토질이 좋은 논에서는 1섬당 2말 5되를, 토질이 좋지 않은 논에서는 1섬당 2말을 세금으로 내야 합니다. 먼저 계산하기 쉽도록 단위를 같게 해 줍니다. 1섬은 10말이고 100되니까, 토질이 좋은 논에서는 1섬당 0.25섬(100되 중 25되)을, 토질이 좋지 않은 논에서는 1섬당 0.2섬(100되 중 20되)을 내야 한다고 정리할 수 있습니다.

토질이 좋은 논의 세금 : 248×0.25 = 62섬

토질이 좋지 않은 논의 세금 : 126×0.2 = 25.2섬

= 25섬 2말(1섬 = 10말)

전체 374섬의 세금 = 토질이 좋은 논의 세금 +

토질이 좋지 않은 논의 세금

= 62섬 + 25섬 2말

= 87섬 2말

마을 사람들 몇몇이 모여 있는 들녘이 시끄러웠습니다. 길을 가던 수돌이는 발걸음을 멈추고 소리 나는 곳을 보았습니다. 어제 추수를 했던 이 서

방과 철이 아버지였습니다. 두 사람은 볏단을 사이에 두고 옥신각신하고 있었습니다. 사람들도 제각기 두 패로 나뉘어 편을 들고 있었습니다.

"무슨 일입니까?"

"아이고, 잘 오셨소. 이것 좀 해결해 주시오."

이 서방이 수돌이를 보자 반가워하며 말했습니다.

"지난 봄에 철이네한테 벼 6말을 빌려 주었습니다. 이제 추수를 했으니 받으려는데 문제가 생겼답니다."

"문제라니요?"

"아직 벼를 탈곡하지 못해 볏단으로 받으려는데, 몇 단을 받아야 될지 몰라서 서로 옥신각신하는 거지요."

수돌이는 잠시 생각을 해 보더니 곧 이 서방에게 물었습니다.

"추수를 하셨지요? 상등 볏단 1단을 탈곡하면 벼가 보통 얼마나 나옵니까?"

"그야 1단은 8되가 나오지요. 안 그런가?"

배 서방은 강쇠를 보며 말했습니다.

"그래요. 좋은 볏단에서는 정확히 8되는 나오지요. 그보다 못한 것은 반밖에 안 나와요."

"상등 볏단으로 쳐 줘요. 하등 볏단은 싫소!"

이 서방이 사람들에게 말했습니다.

"나도 그럴 생각이라오."

철이 아버지도 지지 않고 말했습니다.

"자, 너무 그러지들 마세요. 제가 정확하게 계산해 드리지요."

수돌이는 재빨리 계산을 했습니다.

"그럼 철이네가 상등 볏단으로 7단, 하등 볏단으로 1단을 주시면 됩니다."

수돌이는 어떻게 풀었을까요?

지난해에 빌려 준 벼는 6말, 즉 60되입니다. 올해 거둔 벼를 탈곡하면 상등 볏단 1단에서 8되가, 하등 볏단 1단에서 4되가 나옵니다. 합해서 60되가 되려면 어느 볏단을 얼마만큼 받아야 하는가를 푸는 문제입니다. 상등 볏단으로 받기로 했으니, 상등 볏단으로 더 많이 넣어 60되가 되도록 합니다.

빌린 벼 6말 = 60되

상등 볏단 1단 = 8되

하등 볏단 1단 = 4되

$$60\text{되} \div 8\text{되} = 7 \cdots 4(\text{나머지})$$

$$60\text{되} = (8\text{되} \times 7) + (4\text{되} \times 1)$$

$$= \text{상등 볏단 } 7\text{단} + \text{하등 볏단 } 1\text{단}$$

수돌이의 말에 철이 아버지와 이 서방은 둘 다 만족해했습니다.

산사는 무슨 일을 했을까요?

산사는 어떤 사람일까?

산사는 수학을 공부하는 사람으로 산학자라고도 한다. 옛날에는 수학을 산학이라고 불렀다. 조선 시대에는 과거에 수학 과목을 보는 산학과가 있었고, 이 산학 시험에 합격하면 산사가 되었다. 산사의 신분은 중인이었다.

산사는 대체로 직업이 계승되어 대대로 이어졌고, 결혼도 산사 집안끼리 하는 게 보통이었다. 그렇기 때문에 한 집안에서 아버지와 아들, 할아버지, 외할아버지 심지어 장인까지도 산사인 경우가 많았다.

고려 시대에는 정부의 각 부서에 50여 명의 산사를 두었던 것이 조선 시대에 들어와서는 340명, 연산군 이후에는 무려 1400여 명에 이르는 산사가 배출되었다는 기록이 있다. 이 기록만 보더라도 많은 사람들이 수학을 전문적으로 공부하고 직업으로 삼았다는 것을 알 수 있다.

조선 시대 세종대왕 이후에는 많은 산사들이 배출되었다. 정확한 토지 측량이나 세금 확보를 위해서였다. 조선 시대 후기에 들어와서는 실학자들도 수학을 공부했으며, 수학을 전문적으로 연구하는 산학자들도 많이 있었다. 최석정, 남병길, 홍정하, 이상혁과 같은 산학자들은 수학 책을 짓기도 했다.

 옛날에는 세금 고지서를 어떻게 만들었을까?

삼국시대부터 세금을 걷는 법들이 정해져 있었고 이 조세법은 고려, 조선 시대까지 내려왔다. 세금을 걷기 위해서는 토지의 넓이와 곡식 수확량을 알아야만 한다. 이런 일들을 주로 산사가 맡았다.

세금을 정할 때는 논과 밭을 먼저 구분하고 상, 중, 하 3등급으로 나누었다. 토질이 좋은 논, 밭과 좋지 않은 논, 밭에 따라 세금을 다르게 걷기 위해서였다.

고려 시대 역사를 기록한 책《고려사》를 보면 옛날에 세금을 어떻게 걷었는가를 알 수 있다. 이 기록에는 옛날에도 토지의 넓이와 곡식 수확량을 자세히 따져서 세금을 정했다고 되어 있다. 이 규정은 조선 시대에도 비슷했다.

다음은《고려사》제 32권에 있는 글로, 고려 시대 6대 왕인 성종 11년(992년)에 실시한 세금 규정에 대한 기록이다.

“논의 경우 국유지는 보통 1결당 수확량의 $\frac{1}{4}$을 세금으로 거둬들인다. 개인 토지는 1결당 수확이 18섬이 나오는 상등급 토지에는 4섬 7말을, 14섬이 나오는 중등급은 3섬 7말, 10섬이 수확되는 하등급은 2섬 7되를 세금으로 거둬들인다.”

 결 : 조세를 계산하기 위한 논밭 넓이의 단위

국유지 : 나라 소유로 되어 있는 땅

言[illegible]見一作五

足位退無差商除於二定不着今石上足十商除人上得丈皆今人上定十

足斛米二百二十九石八升別為八斗三升法斛幾何

[illegible]二百七十六石

術曰置足斛為實為斗率以求身為伯用[illegible]從實

位求起宮十次身宮如退位布之

持曰見一下十七　見二下三十四　見三下五十一

見四下六十八　見四乙五作五　遇八十三成百

見五下一百二　見六下百十九

見七下百三十六　見八下百五十三

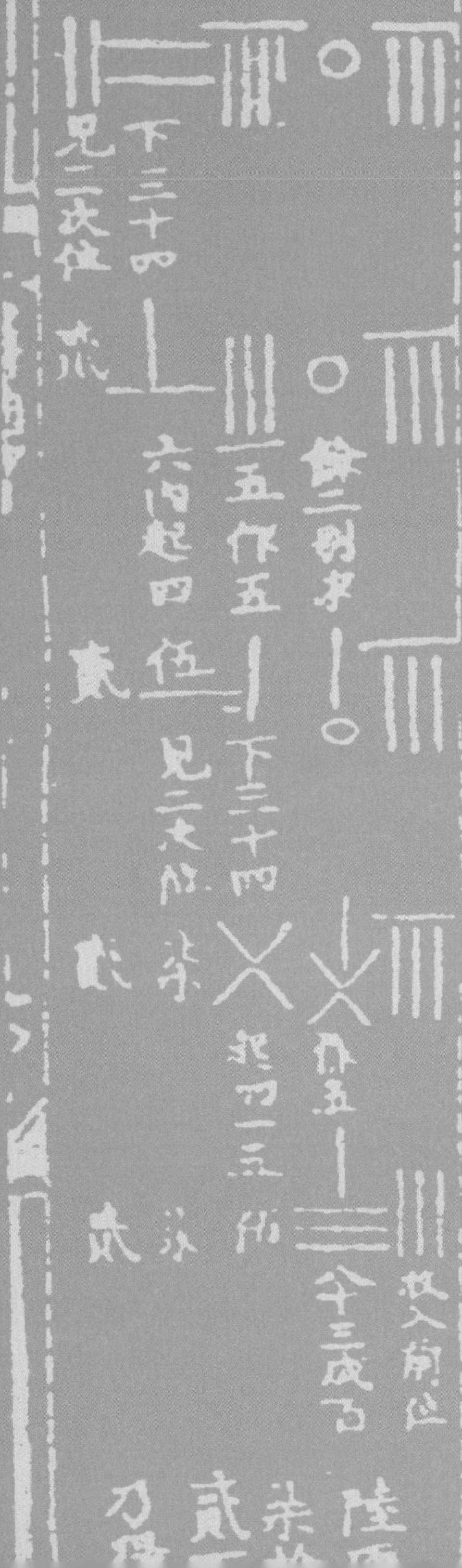

수학 대결에서 누가 이길까요?

수돌이가 중국 산학자를 만난 이야기는 홍정하가 지은 《구일집》이라는 수학 책에 전해지고 있다. 조선 시대 산학자 홍정하는 1684년에 태어났으며 숙종과 영조 때의 산사였다. 지금으로부터 약 300년 전, 1713년 5월 29일 홍정하는 조선에 온 중국의 사력 하국주를 만나, 수학 문제를 서로 내고 풀면서 학문 교류를 했다.

중국 산학자와의 대결

수돌이는 누구에게도 지지 않을 만큼 산학 실력이 뛰어났습니다. 선배 산사들이 수돌이에게 계산을 부탁할 정도였으니까요.

어느 날 중국에서 사신이 왔습니다. 중국 사신은 중국 천문대 관직 중 하나인 '사력'을 맡고 있는 하국주와 같이 왔습니다. 하국주는 천문학과 산학에 뛰어난 학자였습니다.

수돌이는 산학에 뛰어난 하국주의 이름을 여러 번 들었습니다. 그래서 반가운 마음에 하국주를 만나러 갔습니다.

"김수돌이라 합니다. 선생의 명성을 많이 들었습니다."

수돌이는 하국주에게 공손히 고개를 숙여 인사했습니다.

"아, 당신도 산학자요? 하지만 조선의 산학이 어디 중국만 하겠소?"

하국주가 우쭐대며 말했습니다.

"한 수 가르침을 받고 싶습니다."

그러자 하국주는 수돌이에게 문제를 냈습니다. 하국주는 조선의 산학자를 얕잡아 보았던 것입니다.

"360명이 한 사람씩 은 1냥 8전을 내었소. 합계는 얼마나 되겠소?"

어릴 때부터 산학 문제를 풀면서 실력을 닦은 수돌이는 암산으로 바로 답을 구했습니다.

"답은 648냥입니다. 은 1냥은 10전이므로, 은 1냥 8전은 18전입니다. 따라서 360에 18전을 곱하면 6480전이 되어, 648냥이지요."

"암산을 빨리 하는구려. 그러면 두 번째 문제를 내겠소. 은 351냥이 있소. 쌀 1섬의 값이 1냥 5전이라면, 몇 섬을 살 수 있겠소?"

"은 1냥 5전은 15전이니, 351냥은 3510전이지요. 3510전을 15로 나누면 답은 234섬이옵니다."

수돌이는 두 번째 문제도 금방 풀었습니다.

수돌이가 쉽게 문제를 풀자, 하국주는 좀 더 어려운 문제를 내야겠다고 생각했습니다. 그래서 세 번째 문제를 냈습니다.

"막대의 왼쪽 끝에는 무게 3냥의 돌을 달고, 오른쪽 끝에는 물건을 매달았소. 그런 다음 정확히 수평을 이루도록 막대의 한 점을 잡고 들어 올렸을 때 이 점으로부터 왼쪽 끝까지의 거리는 5.8치이고, 오른쪽 끝까지는 7.25치였다고 하오. 오른쪽 끝에 달린 물건의 무게는 얼마가 되겠소?"

하국주가 문제를 내자마자 수돌이는 잠시 종이에 무언가를 쓰더니 곧 답을 구하였습니다.

"물건의 무게는 2.4냥입니다."

"어떻게 풀었소?"

이번에도 수돌이가 쉽게 정답을 말하자, 하국주가 수돌이에게 관심을 보이며 물었습니다.

"지렛점을 이용하여 풀었습니다."

"그렇소. 지렛점을 이용한 문제요. 아주 잘 풀었소."

하국주는 수돌이의 실력을 인정한 듯했습니다.

지렛점이란 막대가 수평이 되어 균형을 이루었을 때의 중심을 말합니다 이것은 시소의 원리와 같습니다. 다시 말해서 b의 길이가 a의 길이보다 크면, A의 무게가 B보다 더 크다는 것을 알 수 있습니다.

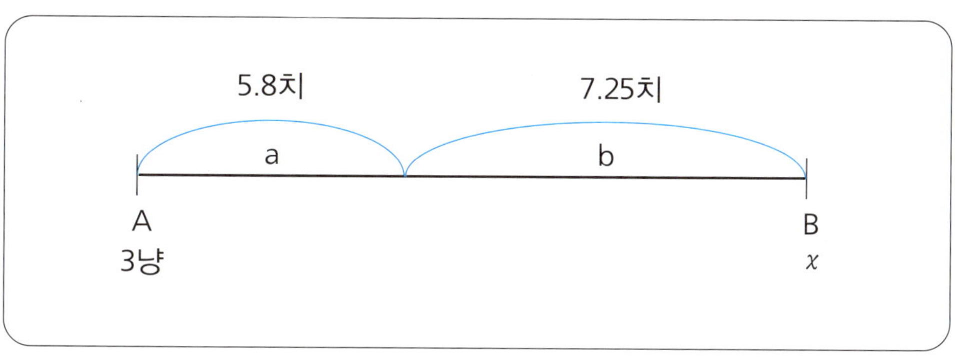

(a의 길이)×A의 무게 = (b의 길이)×B의 무게

$5.8 \times 3 = 7.25 \times x$

$17.4 = 7.25x$

$\therefore x = 17.4 \div 7.25 = 2.4$냥

조선 산학자 수돌이의 승리

수돌이가 답을 모두 맞히자, 옆에서 지켜보고 있던 아제도라는 중국 사신이 말참견을 했습니다.

"우리 하국주 사력은 계산이라면 천하의 실력자요. 지금까지는 사력이 질문을 했는데, 이제 김 산사도 사력에게 문제를 내야 하지 않겠소?"

아제도는 수돌이를 여전히 얕잡아 보며 말했습니다.

"그럼 제가 감히 사력께 문제를 내도 되겠는지요?"

"그러시오. 내가 못 풀 문제가 어디 있겠소?"

그래서 이번에는 수돌이가 문제를 냈습니다.

"지름이 14치가 되는 공 모양의 옥이 있습니다. 이것의 지름에 내접한 정육면체를 뺀 옥의 껍질의 무게는 372냥입니다. 그렇다면 정육면체의 한 변의 길이는 얼마입니까?"

정육면체가 공 모양의 옥에 내접한다는 것은 정육면체의 각 꼭지점이 원주 위에 있게끔, 옥 속에 꼭 맞게 들어 있다는 말입니다.

하국주는 문제를 듣더니 한참 동안 고민을 했습니다.

"음, 문제가 좀 어려운데? 공 모양의 옥이라……."

하국주는 계속 끙끙거리며 생각해 보았지만, 도무지 답을 구할 수가 없었습니다. 당황한 하국주는 얼굴까지 붉게 달아 오르더니 마침내 두 손을 들고 말았습니다.

"정육면체의 한 변의 길이는 10치입니다. 구의 부피를 구하는 공식을 알면 답을 구할 수 있습니다."

"구의 부피를 구하는 공식이라? 흠, 나는 들어 보지 못한 것인데……."

하국주가 수염을 쓰다듬으며 헛기침을 했습니다. 하국주의 참패였습니다.

수돌이는 어떻게 풀었을까요?

껍질의 무게는 공 모양의 옥, 그러니까 구의 부피에서 내접한 정육면체의 부피를 뺀 값입니다. 그러니까 반대로, 구의 부피에서 껍질의 값을 빼면 정육면체의 부피를 알 수 있겠지요. 정육면체는 가로와 세로와 높이가 모두 같으니까, 부피를 알면 한 변의 길이를 구할 수 있습니다. 수돌이의 말처럼, 구의 부피를 구하는 방법을 알면 풀 수 있습니다.

껍질의 무게 = 공 모양의 옥(구)의 부피 − 정육면체의 부피

구의 부피 : $\frac{4}{3} \times \pi \times$반지름^3($\pi = 3$, 반지름 = 7치, 1치^3 = 1냥)

$\frac{4}{3} \times 3 \times 7 \times 7 \times 7 = 1372$냥(치^3)

정육면체의 부피 : 가로×세로×높이 = 구의 부피−껍질의 무게

(가로 = 세로 = 높이 = x)

$x^3 = 1372 - 372 = 1000$냥 = 10치×10치×10치

따라서, 정육면체 한 변의 길이(x) = 10치

새로운 것을 배우려는 산학자 수돌이

수돌이에게 참패를 당하자, 하국주는 분한 마음을 꾹 참고 이를 만회하겠다고 다짐했습니다.

"이번에는 내가 다시 문제를 내겠소. 지름이 10자인 원에 내접하는 정오각형의 한 변의 길이와 넓이는 얼마요?"

문제를 들은 수돌이는 조금 당황했습니다. 처음 듣는 문제였기 때문입니다. 수돌이는 어떻게, 무슨 공식을 사용해서 문제를 풀어야 할지 한참 동안 생각해 보았지만 답을 구할 수가 없었습니다. 하국주도 이번 문제만큼은 절대로 맞히지 못할 것이라고 자신하는 듯했습니다.

"이런 문제는 아직 풀어 본 적이 없습니다. 어떤 방법으로 하는 것입니까?"

하국주는 '그러면 그렇지!' 하는 표정을 지으면서 거만하게 몸을 의자에 기댔습니다.

"원은 360도이고 정오각형의 한 꼭지각은 72도이니까, 그 반인 36도에서 정현수*를 구하면 풀 수 있소."

"정현수요?"

수돌이는 도무지 무슨 말인지 알아들을 수가 없었습니다.

"정현수는 어떤 방법으로 구합니까? 조선에는 아직 그런 학문이 없습니다."

"8선표*가 있으면 그것으로 값을 금방 구할 수 있소. 그러나 일일이 정현수를 계산하자면 매우 어렵소."

수돌이는 하국주의 대답에 만족하지 않고 꼬치꼬치 캐물었습니다.

"이치가 아무리 깊고 어려울지라도 배울 수 있습니다. 그 길을 알려 주십시오."

수돌이의 열의에 감동한 하국주는 어쩔 수 없다는 듯 진지한 태도로 대답했습니다.

“《기하원본》* 과 《측량전의》* 라는 책들을 읽어 보면 내가 낸 문제의 풀이 방법을 이해할 수 있소.”

“그 책들은 어떻게 구합니까?”

“내가 중국으로 돌아가면 곧바로 보내 주겠소.”

수돌이는 사실 하국주와 수학 대결을 벌이는 데에는 큰 관심이 없었습니다. 이보다는 그에게서 새로운 지식을 얻고 또 배우고 싶었지요. 산학자 하국주는 이런 수돌이의 태도에 큰 감명을 받았습니다.

“직각삼각형에 대한 문제는 아주 많이 있는데, 그 해법은 알고 있소?”

하국주가 물었습니다.

“네, 잘 알고 있습니다. 문제를 내 보시지요.”

“높이, 밑변, 빗변의 길이를 합하면 96척이 되는 직각삼각형이 있소. 세 변의 길이는 얼마가 되겠소?”

정현수 - 직각삼각형에서 세 변의 길이의 비율.

8선표 - 직각삼각형의 세 변에 대한 비의 값을 정리한 표, 삼각함수표.

기하원본 - 유클리드가 지은 기하학의 앞부분을 한문으로 옮긴 것이다.

측량전의 - 측량술에 대한 책으로, 중국 명나라에서 활약한 선교사 자코모 로가 썼다.

"24척, 32척, 40척입니다."

"어떤 방법으로 풀었소?"

"세 변의 길이가 3:4:5의 비율을 이루고 있다고 보고 풀었습니다."

"옳기는 하오. 그러나 직각삼각형의 세 변이 3:4:5의 비율로만 이뤄지는 것은 아니오. 직각삼각형에 관해서는 240가지의 풀이 방법들이 있다오."

"제가 알기로는 직각삼각형에 관해서는 400여 가지의 풀이 방법들이 있습니다."

수돌이가 자신 있게 말했습니다.

"그래요? 그렇다면 내가 모르는 방법도 있을 것 같소."

수돌이는 종이에 직각삼각형에 대한 문제 20가지를 적어 하국주에게 보여 주었습니다. 하국주는 종이에 적힌 문제를 읽어 보고 무척 놀랐습니다.

"여기 적힌 것들은 대부분 내가 잘 모르는 것이오. 음, 새로운 것들인데, 이 문제들을 내가 가져가도 되겠소?"

"그러시지요."

하국주는 종이를 잘 접어 소매 속에 챙겨 넣었습니다. 하국주는 한결 부드러워진 목소리로 말했습니다.

"그대의 산학 실력은 대단하오. 조선에도 이런 산학자가 있었구려. 이 책은 내가 쓴 산학 책인데 읽어 보시오."

하국주는 자기가 쓴 수학 책《구고도설》* 을 수돌이에게 주었습니다.

산사가 된 지 몇 년 뒤, 수돌이는 산학교수가 되었습니다. 산생을 가르치고 지도하는 일이었습니다. 이제 산학교수 김수돌은 조선에서 제일 가는 산학자가 되었습니다.

수돌이가 중국 산학자를 만나 수학 대결을 벌인 이야기는 홍정하가 지은 《구일집》* 이라는 수학 책에 전해지고 있습니다. 홍정하는 1684년에 태어났으며 숙종과 영조 임금 때의 산사였습니다. 1713년 5월 29일, 홍정하는 조선에 온 중국의 사력 하국주를 만나 서로 수학 문제를 내고 풀면서 우정을 쌓았습니다. 이 책의 주인공인 수돌이 이야기의 일부는 홍정하의 삶에서 빌린 것입니다.

구고도설 - 피타고라스의 정리를 이용하여 푼 문제들이 수록된 문제집.

구일집 - 조선 시대의 산학자 홍정하가 쓴 책이다. 천, 지, 인과 부록의 9권 3책으로, 방정식과 파스칼의 삼각형이 나온다.

수의 끝은 어디일까요?

골백번은 10^{18}

우리가 흔히 쓰는 말로 '골백번 하다', '골백번 죽어도'라는 표현이 있다. 너무 많아서 헤아리기 힘들 때 '골백번'이라는 표현을 사용하고는 한다. 여기서 '골'이라는 말은 10의 16승에 해당하는 '경'의 순 우리말이다. 10을 16번이나 곱한 수이므로 아주 큰 수이다.

수학에서는 큰 수를 쓸 때 10000000000000000과 같이 쓰지 않고, 10^{16}이라고 간단히 표기한다. 그리고 10의 16승이라고 읽는다. 이것은 10을 16번 곱한 수라는 뜻으로, 1뒤에 0이 16개 붙어 있다는 것을 나타낸다. 이렇게 하면, 우리가 금방 읽을 수 없는 아주 큰 수도 간단하게 쓰고 또 쉽게 읽을 수 있게 된다.

10의 16승인 골은 엄청나게 큰 수이다. 게다가 골백번이라는 말은 10^{16}을 100번 한 것이다. 따라서 '골백번 죽어도'는 어떤 일을 절대로 할 수 없다는 의지가 강하게 담긴 말이 되는 것이다.

일, 십, 백처럼 지금 우리가 쓰는 자연수의 이름은 중국식 한자어이다. 그 전에는 자연수의 자리 이름을 가리키는 우리말이 있었다. 하지만 점차 한자어에 밀려, 더 이상 사용하지 않게 되면서 그 뜻을 모르게 된 것이다. 이 가운데 지금까지 남아 사용하는 말도 있다.

'온몸이 아프다.' 할 때의 '온'은 백(100)을 뜻하는 우리말이다. 그리고 전라북도 김제의 드넓은 평야 만경을 '드먼'이라 하는데, '드먼'은 만(10000)을 가리키는 우리말이다. 두만

강도 만 가지 물줄기를 가졌다 해서 ‘드먼’이라고 불리다가, 이것이 변하여 두만강이 된 것이다.

그러면 이러한 자연수의 자리 이름은 어떻게 해서 생겼을까?

하나가 열이 되면, 십이 열이 되면 백, 백이 열 개면 천인데, 천은 우리말로 ‘즈믄’이라고 불렀다. 또 천이 열 개면 만이고, 만이 만 개면 억이다. 우리 조상들은 만부터 만 배씩 곱해서 자릿수 이름을 붙이는 만진법을 사용했다.

자연수의 자리 이름을 써 보면 다음과 같다.

만 = 10000=10^4	억 = 10^8	조 = 10^{12}
경 = 10^{16}(조의 만 배)	해 = 10^{20}	자 = 10^{24}
양 = 10^{28}(자의 만 배)	구 = 10^{32}	간 = 10^{36}
정 = 10^{40}(간의 만 배)	재 = 10^{44}	극 = 10^{48}

이런 자릿수 이름은 중국의 후한 시대부터 있었다. 여기에 해당하는 우리말도 있었겠지만 백을 ‘온’, 천을 ‘즈먼’, 만을 ‘드먼’, 경을 ‘골’, 정을 ‘잘’로 가리키는 정도만 전해지고 있을 뿐이다.

수를 가리키는 말을 ‘극’까지만 적어 보았는데, 극은 한자로 ‘다할 극’자를 써서 말 그대로 다했다는 뜻이 된다. 아마 10의 48승보다 더 큰 수를 생각해 보는 것은 그만둔 것 같다. 그러나 당나라 때 와서는 불교의 영향으로 끝이 없는 것에 대해 생각하게 되면서, 10의

48승보다 더 큰 수에 이름을 붙이게 되었다.

10의 52승을 '항하사'라고 했는데, 항하는 인도의 갠지스 강을 한자식으로 읽은 것이다. 그러니까 항하사는 갠지스 강변의 모래만큼이나 많다는 뜻이다. 또한 10^{56}을 '아승기', 10^{60}을 '나유타', 10^{64}을 '불가사의', 10^{68}을 '무량대수'라고 불렀다. 이런 이름들은 모두 불교의 《금강경》에서 따왔다.

우리가 사는 지구를 포함하고 있는 태양계 전체의 양자와 중성자 개수를 모두 합하면 3×10^{64}이 된다니, 10^{64}을 센다는 것은 말 그대로 불가사의한 일이다. 10^{68}인 무량대수 또한 마찬가지다. 무량대수를 한자로 풀어 보면 '상상할 수 없을 만큼 큰 수'라는 뜻이 된다.

찰나는 10^{-18}

한편, 1보다 작은 소수에도 자리 이름이 있었다. 1보다 작은 숫자들은 어떻게 불렀을까? 소수점 아래 첫째 자릿수 0.1은 '할', 소수점 아래 둘째 자릿수 0.01은 '푼', 0.001은 '리', 그 다음은 '모'라고 불렀다.

1보다 작은 소수의 자리 이름을 차례대로 써 보면 다음과 같다.

할, 푼, 리, 모, 사, 홀, 미, 섬, 사, 진, 애, 묘, 막, 모호, 준순, 수유, 순식, 탄지, 찰나, 육덕, 허공

10^{-20}인 '허공'까지 적어 보았는데, 10^{-20}이라는 것은 소수점 아래 20번째 수라는 것

이다. 소수점 아래 0이 19개이고 20번째에 1이 오게 되는데, 읽을 때는 '10의 마이너스 20승'이라고 읽는다.

허공은 불교에서 나온 말이지만, 우리도 흔히 쓰는 말이다. 허공이란 불교에서 모양과 빛이 없는 상태를 이르는 말로, 너무나 작은 수이기 때문에 그 값이 없는 것과 같다는 뜻이 된다.

우리가 흔히 모호하다고 말하는 '모호'는 소수점 아래 13번째 자릿수 이름이다. 이것은 너무나 작은 수여서 정확히 어느 정도인지 알 수 없다. 그래서 정확하지 않은 일을 모호하다고 말하게 된 것이다.

또한 10^{-18}인 '찰나'는 아주 짧은 시간을 말한다. 10의 -18승이면 소수점 아래 18번째 자릿수, 즉 0.000000000000000001이 된다. 시간으로 따지면 눈 깜짝할 사이도 안 되는 너무나 짧은 시간이다.

그 도둑은 막 잡히려는
10^{-18}, 10^{-20} 속으로
사라졌습니다.
현재 그의 행방은 10^{-13}
합니다.
NEWS

이야기로 풀어 보는 우리 수학의 역사

수학은 인간의 문명과 함께 발전해 왔다. 메소포타미아, 이집트, 인도, 중국에서 탄생한 문명은 문자와 숫자를 만들어 내면서 고대 수학을 탄생시켰다. 수학이 만들어진 것은 자연을 개척하고 보다 풍요로운 생활을 일구기 위해서였다.

강과 강을 잇기 위해 다리를 놓고, 농사지을 땅을 늘리기 위해 산을 논, 밭으로 만드는 데도 수학이 필요했다. 또 땅의 넓이를 재어 곡식의 수확량을 정확하게 계산하거나, 집을 짓고 궁궐을 짓는 데도 수학이 이용되었다.

특히 동양의 수학은 사람들의 생활과 더 관련이 깊었다. 이는 동양에서 오랫동안 수학의 기본 교재 역할을 해 온 《구장산술》과 《산경십서》 같은 책들을 보면 알 수 있다.

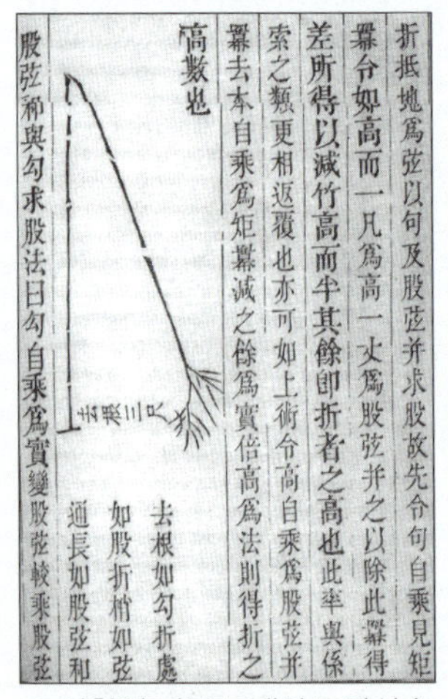

折抵地爲弦以句及股弦并求股故先令句自乘見矩
冪令如高而一凡爲高一丈爲股弦并之以除此冪得
差所得以減竹高而半其餘即折者之高也此率與係
索之類更相返覆也亦可如上術令高自乘爲股弦并
冪去本自乘爲矩冪減之餘爲實倍高爲法則得折之
高數也

股弦和與勾求股法曰勾自乘爲實變股弦較乘股弦

▲ 산학의 기본 교재인 구장산술

《구장산술》은 동양 수학과 서양 수학의 차이점을 잘 보여 준다. 이 책은 토지의 측량이나 곡식의 수확량뿐만 아니라, 세금을 얼마만큼 거둬들여야 하는지를 계산하는 데도 유용하게 쓰였다. 또한 성을 쌓거나 궁궐을 지으려면 몇 명의 사람이 필요한지를 계산해 주기도 했다. 그밖에도 분수와 음수, 방정식, 기하, 비례를 비롯한 고급 수학까지도 다루었다.

우리나라도 중국의 영향을 받아 삼국시대부터 수학 책을 만들고 수학을 가르치는 교육기관을 두었으며, 시험을 통해 산사를 뽑기도 했다. 수학에 관련된 일을 직접 맡은 사람들은 대부분 중인이었으나, 양반 계층에서도 수학 책을 짓고 연구한 뛰어난 수학자가 나오기도 했다.

특히 세종대왕은 역사상 수학에 가장 열의를 가진 왕으로, 《산학계몽》을 정인지로부터 직접 배우기도 했다. 그래서 경상도 감사는 《양휘산법》 100권을 만들어 세종대왕에게 바쳤다고 한다. 왕에게 올리는 선물이 보화나 진귀한 특산품이 아니고 수학 책이었다니,

古杭勤德書堂

宋楊輝算法

乘除通變算寶

法算取用本末

續古摘奇算法

田畝比類乘除捷法

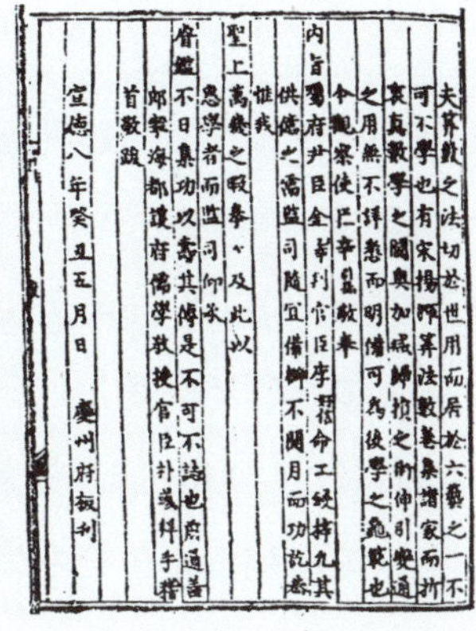

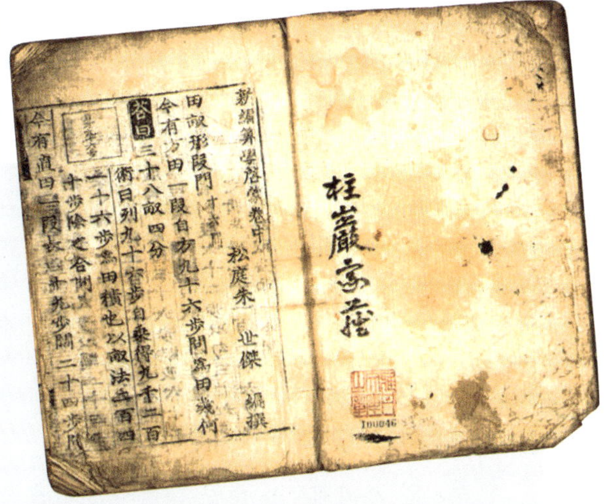

▲ 산학계몽. 1299년 중국 수학자 주세걸이 지은 수학 책

◀ 양휘산법. 중국 수학자 양휘가 지은 수학 책

세종대왕이 얼마나 수학을 좋아했는지 알 수 있다.

중국이나 우리나라는 3세기부터 음수와 분수를 다루면서 생활에 응용해 왔다. 특히 분수는 분자, 분모, 약분 등의 용어가 지금 우리가 쓰는 말과 같다. 그러나 서양에서는 16세기에 이르러서야 비로소 음수와 분수를 사용하기 시작했다.

또한 중국과 우리나라에서는 서양보다 이미 500년 앞서 '구고현 정리', 또는 '진자의 정리'라는 이름으로 피타고라스 정리를 발견했고, 파스칼의 삼각형도 300년 앞서 다뤘다. 원주율도 동양이 서양보다 훨씬 일찍 정확한 값을 구하기 시작했다. 서기 264년, 중국의 유휘는 원에 내접한 정3072각형에서 3.14159라는 원주율을 구했다. 이것은 서양에서는 16세기에 이르러 다루게 된 값이었다.

동양의 수학이 얼마나 과학적이었는지를 알 수 있게 해 주는 도구가 있다. 바로 도량형의 기본으로 사용한 '자'이다.

자는 '황종관'이라는 피리를 기준으로 만들었다. 기장 낟알을 황종관과 나란히 놓으면 90톨이 된다. 이때 기장 1톨의 길이 100배를 '1자'라고 기준을 잡았다. 그리고 황종

▲ 파스칼의 계산기 파스칼리느. 1642년 고안된 최초의 기계식 수동 계산기이다.

▲ 주척. 도량형의 기본으로 사용한 자이다.

관에 기장을 담으면 1200톨이 담기는데, 이를 부피와 무게의 기준으로 삼았다. 이는 황종관이라는 악기의 아주 섬세한 음의 가락을 찾는 과정과 비슷했다.

하지만 서양에서는 주로 팔꿈치에서 손가락 끝까지의 길이를 잡아 만든 '큐빗'(약 50cm)이나, 사람의 발 길이를 기준으로 한 '피트'를 길이를 나타내는 단위로 사용했다. 이것만 비교해 보더라도 '자'가 얼마나 정밀하고 뛰어난 측정 도구였나를 알 수 있다.

하지만 동양에서는 다른 과학 기술과 마찬가지로 수학이 중요한 학문으로 여기지 않았다. 그런 점 때문에 우리의 수학이 더 발전하지 못한 아쉬움이 남는 것이다.

'자'의 유래와 도량형 제도

삼국시대부터 우리나라에서는 길이를 재는 기구로 '자'를 사용했다. 자를 한자말로 '주척'이라고 했는데, 중국 주나라에서 길이를 재는 척도로 처음 사용한 것에서 이름이 붙여졌다.

동양에서는 일찍이 길이를 '도', 부피를 '량', 무게를 '형'이라고 하는 도량형 제도가 있었다. 기원전 221년인 진시황 때에 최초로 도량형 제도가 만들어졌는데, 도량형을 정비하는 기준은 황종관이라는 12률의 기본음을 내는 피리였다.

기장 낱알을 황종관과 나란히 일렬로 이어서 배열하면, 기장 90톨이 된다. 이때 이 1톨의 길이를 1분이라고 하고, 10톨을 1치, 10치를 1자(척)로 했다. 그리고 10자는 1장이 되었다.

도량형 제도는 이 황종관을 기준으로 하는 황종척으로 통일되었다. 우리나라에서도 삼국시대부터 길이를 재는 기준으로 삼았는데, 시대마다 조금씩 달라지기도 했다. 그것은 황종관의 길이에 따라 음색이 달라질 뿐 아니라, 길이를 재는 '자'의 기준도 달라졌기 때문이다. 조선 시대에 와서 세종대왕 때에 박연이 정확한 음률에 따른 황종관을 만들고, 그 길이를 척도로 삼아 자를 정비했다. 역대 왕들은 제도를 정비할 때마다 도량형을 통일하고자 노력했는데, 1자(척)의 길이는 30cm 안팎으로 조금씩 달랐다. 오늘날에는 1자의 기준이 30.303cm이다.

부피를 재는 들이(량)도 황종관을 기본으로 했다. 황종관에 기장을 넣으면 1200톨로 가득 차는데, 이것을 1약이라고 한다. 2번 채운 2약을 1홉이라고 하고, 1홉은 약 180ml가 된다.

무게(형)를 재는 기준도 황종관의 무게로 했다. 황종관에 기장을 가득 채운 무게를 12수라고 하고, 24수를 1냥으로 했다.

길이를 재는 기구 : 자

'자'는 토지와 도로의 길이나 거리를 잴 때 사용할 뿐만 아니라 건축이나 공사에도 이용했다. 또한 옷감이나 물건의 길이를 재고, 책을 만들거나 옷을 짓는 등 옛날 사람들의 생활에서 이용되는 기구였다. 자는 보통 대나무나 구리, 쇠로 만들었고, 은으로 만들거나 여러 가지 장식을 한 멋스러운 공예품들도 있다. 다음은 쓰임새에 따라 여러 가지 모양을 한 자(척)이다.

① 주척 : 실생활에 널리 쓰이는 기본 자로, 다른 자를 만드는 기준이 되었다.

② 영조척 : 규모가 큰 공사나 건물을 짓는 데 쓰인 자로 주로 목수들이 썼다.

③ 포백척 : 비단이나 베, 무명 등 옷감의 길이를 쟀다.

④ 예기척 : 관혼상제 등 특별한 예식에 썼다.

⑤ 사각유척 : 다섯 가지 쓰임의 자를 하나로 합한 것이다. 놋쇠로 만든 사각기둥의 네 면에 주척, 예기척, 황조척, 영조척, 포백척이 새겨져 있고, 용도를 설명하는 글도 씌어 있다.

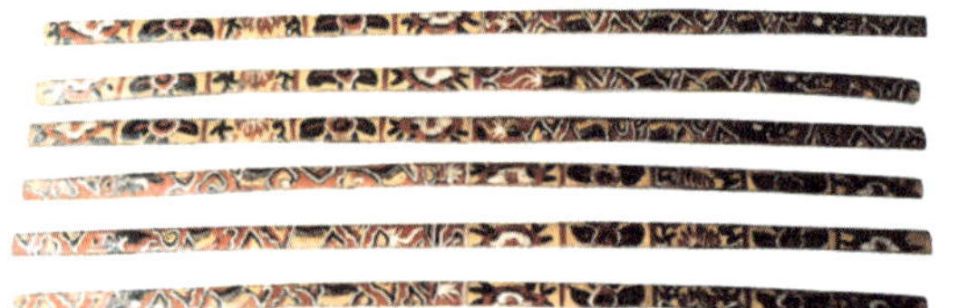

⑥ 화각척 : 대나무나 화각을 다듬어 꽃과 용 그림과 채색을 한 바느질자이다. 화각이라는 나무 공예품에 채색을 하고, 그 위에 쇠뿔을 얇게 오려 덧붙이는 기법이다.

부피를 재는 기구 : 말 · 되 · 홉

곡식이나 물건의 양을 재는 기구로 지금도 쌀가게나 재래시장에서 사용하고 있다. 표준 기구는 지방마다 보관하여 세금을 거둬들이는 데 사용했고, 실생활에서는 보통 나무로 만들어 썼는데, 규격이 맞게 사용하는지 검사를 실시하여 통과해야 했다. '말'에는 시험을 통과했다는 표시로 '관(官)'이라는 낙인이 찍혀 있었다.

① 말과 말밀대 : 말밀대는 말 위로 높이 쌓인 곡물을 편편하게 만들어 정확한 양을 재는 데 쓴다. 말에는 직사각형, 사다리꼴 모양과 원통 모양이 있다.

② 되 : 되는 주로 직사각형 모양으로, 자루가 달리거나 통나무를 파서 만든 것도 있다.

③ 홉 : 홉은 한 줌의 양으로, 주로 깨나 조 등 적은 양의 곡물을 재는 데 썼다.

무게를 재는 기구 : 저울

무게를 잴 때에는 주로 저울을 썼는데 용도에 따라 여러 가지가 있다. 저울은 저울대에 눈금이 있는데, 물체의 무게에 따라 추를 움직여 평행이 되게 하여 무게를 알아낸다.

① 약저울 : 약의 무게를 달 때 쓰는 저울로 약 외에 금, 은을 잴 때도 썼다. 1푼에서 20냥까지를 잴 수 있다.

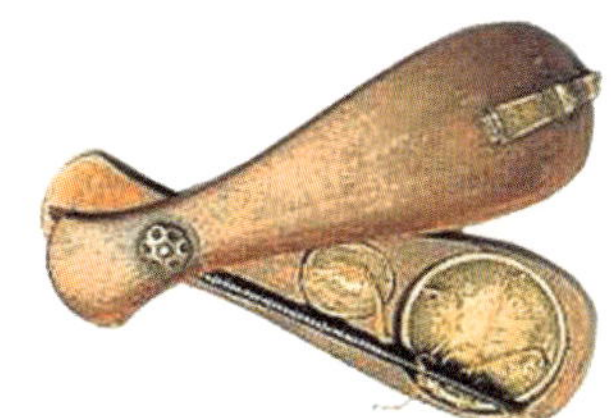

② 저울 : 무게를 달 때 쓰였으며, 손에 쥐고 다닐 수 있는 손저울과 나무로 된 갑 속에 추와 함께 넣어 간편하게 휴대하도록 만든 것도 있었다.

우리나라 수학자들

우리나라에도 수학자가 있었을까? 수학 책에 나오는 정리나 공식들은 모두 피타고라스니 오일러니 파스칼이니 하는 외국 수학자들이다. 하지만 우리나라에도 수학자들이 있었다. 삼국시대부터 산학 제도를 두어 수학을 교육하고 수학자를 배출했는데, 지금은 조선 시대에 활동한 수학자들만 우리에게 알려져 있다.

남병철(1817~1863)과 남병길(1820~1869)

조선 철종 때의 수학자 형제이다. 이들 형제는 승지, 판서, 대제학 등을 지낸 대정치가였을 뿐만 아니라, 조선 시대 천문기관인 관상감을 맡기도 하면서 많은 천문학, 수학 책을 썼다. 형인 남병철은 측량술에 대한 수학 책 《해경세초해》와 천문학 책 《의기집설》, 《성요》 등을 썼다. 조선 시대 최고의 천문학자, 수학자로 일컬어지는 동생 남병길은 30여 권에 달하는 많은 책을 썼다. 대표적인 수학 책으로 《구장술해》, 《산학정의》, 《집고연단》 《측량도해》 등이 있다. 그중에서도 《구장술해》는 중국의 《구장산술》을 우리나라 사정에 맞게 풀이한 책이고, 3편으로 된 《산학정의》에는 비율, 사칙연산, 구고현, 고차방정식을 다루고 있다. 또한 그가 쓴 천문학 책인 《성경》과 《시헌기요》는 우리나라 천문학 교육의 교과서가 되었다. 그리고 천문 기구인 적도의, 지구의, 사시의, 수륜차 등을 제작하기도 했다. 남병길은 특히 수학에 능통하여 일식이나 월식 계산을 중국과 서양의 것을 비교하면서 완벽하게 계산해 냈으며, 서양의 수학과 천문학 분야를 연구했다.

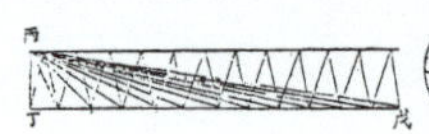

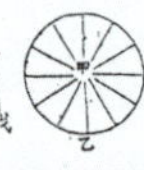

圜面積圖說
凡圜形之輻線與一直角三角形之小
邊線度等而圜之周界與三角形之大
邊線度等則此直角三角形之面積與
圜形之面積相等也何以見之甲圜之
輻線與三角形之小邊等者卽如等邊
衆界形之中垂線與三角形之小邊等
也甲圜之周界與三角形之大邊等者
卽如等邊衆界形之各界共度與三角
形之大邊等也今此甲圜形相等之丙

▲ 구장술해(남병길이 중국의 《구장산술》을 우리나라 사정에 맞게 고쳐 쓴 책)

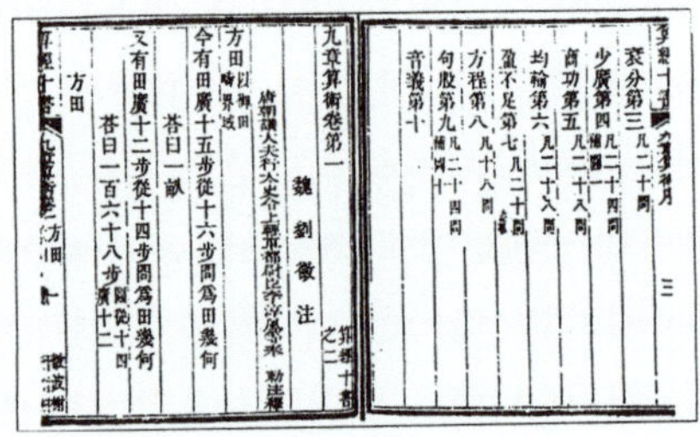

▲ 구장산술(우리나라 수학 교육의 기본 교재가 됐던 책)

이상혁(1810~?)

이상혁은 중인 출신의 수학자로, 남병길의 공동 연구자이기도 했다. 다른 수학자들과 마찬가지로 그에 대한 정확한 기록은 남아 있지 않지만, 산학자들에 대한 기록인 <주학입격안>에 출생년도와 산학 과거에 합격해서 천문관직에 있었다는 기록이 있다. 그의 아버지와 조부, 증조부까지 수학자였던 중인 집안이었다.

이상혁은 남병길보다 10살 많았는데 남병길은 그의 수학 실력을 아껴 자신의 책 《측량도해》에 이상혁이 머리말을 쓰도록 했다. 남병길 또한 이상혁의 책 《익산》에 머리말을 썼다. 양반 학자와 중인이 서로의 책에 머리말을 쓰는 것은 보기 드문데, 그만큼 서로 학문적 관계가 두터웠다. 이상혁이 지은 책으로는 《산술관견》, 《차근방몽구》, 《익산》 등이 있다. 특히 《산술관견》을 본 일본의 수학자들은 조선 수학의 독창성에 대해 대단히 감명을 받았다고 한다.

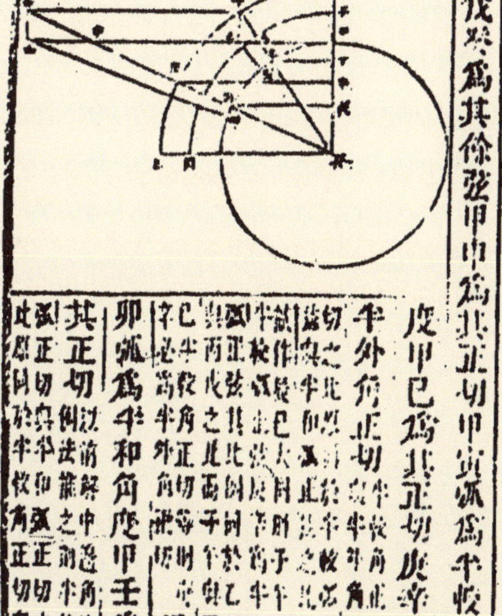

▲ 산술관견(조선 철종 때 만들어진 수학 책으로 현대의 기하학을 설명함.)

홍대용(1731~1783)

홍대용은 조선 시대 실학자 중에서도 가장 대담하고 생각이 앞선 학자였다. 그는 일찍이 서양 문물을 견학하고 서양 사람들과 교류를 했으며, 지구자전설을 주장했다. 또한 과거제를 폐지하고 부락 단위마다 학교를 설치하여 8세 이상의 아동을 공부시켜야 한다는 의무교육제를 주장하기도 했다. 그는 자신의 호를 딴 문집 《담헌서》의 《주해수용》 내 · 외편에서 수학을 다루었다. 목차를 보더라도 이 책은 종래의 수학 책과는 다른 특징을 가지고 있는데 비율, 약분, 면적, 체적 등 근대적인 표현이 쓰였고, 주로 합리적이고 실질적인 수학 지식만을 다루려고 했다.

황윤석(1719~1791)

30세에 과거에 급제하여 하급 관직을 거쳤지만, 죽은 뒤에 명현(현인)에 모셔질 만큼 학문에 대단히 조예가 깊었다. 영조 때 백과 전서 《이수신편》 23권을 썼는데 그중에서 수학 분야는 마지막 3권으로 21, 22권의 《산학입문》과 23권의 《산학본원》이다. 그는 이 책들에서 그 시대의 대수와 기하에 대해 폭넓게 다루고 있다.

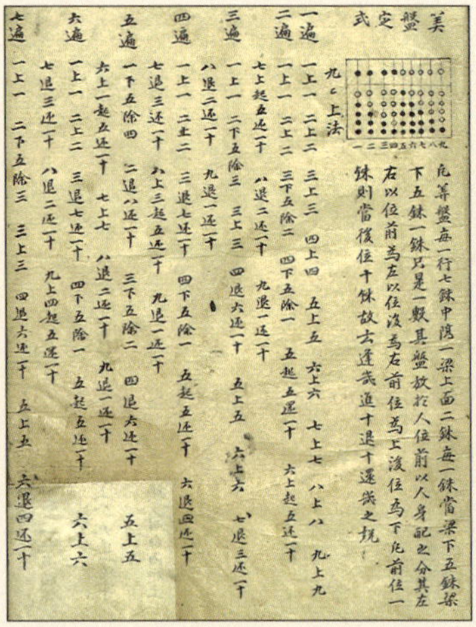

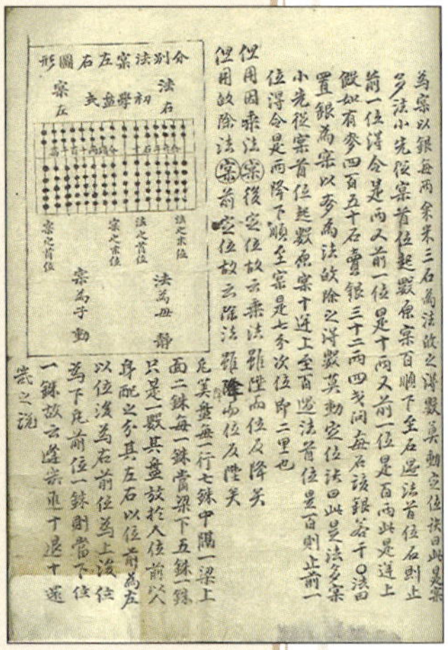

▲ 산학서

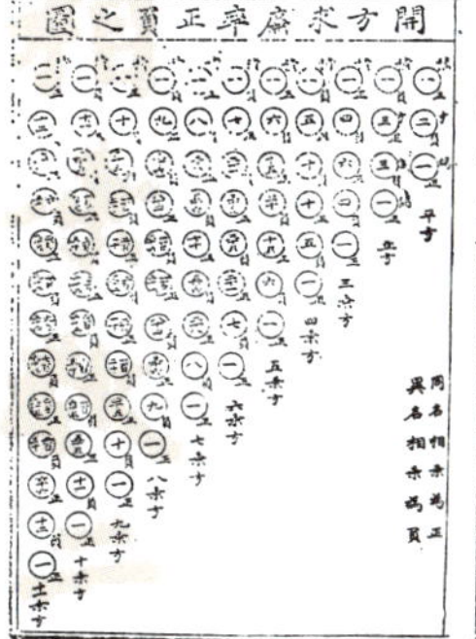

開方求廉率正負之圖

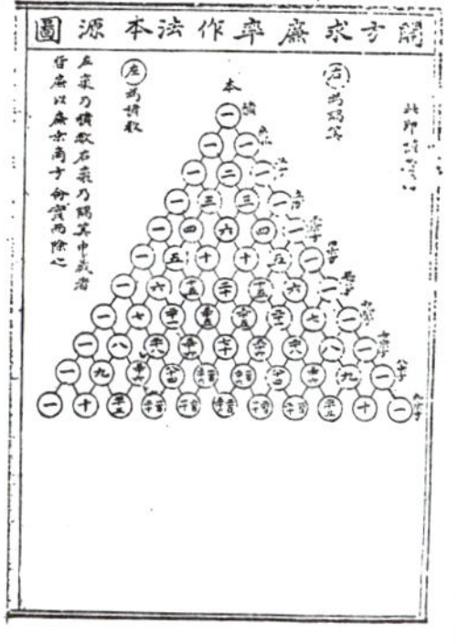

開方求廉率作法本源圖

▲ 구일집

홍정하(1684~?)

숙종과 영조 때의 중인 출신 수학자이다. 아버지와 조부, 외조부가 산학교수를 지냈고 장인도 수학자였다. 홍정하도 20대에 산학 과거에 합격하여 산학 교육을 담당하는 산학교수를 지냈다. 그가 쓴 수학 책 《구일집》은 8권과 부록으로 이뤄졌는데, 천원술이라는 방정식과 파스칼의 삼각형이 나온다. 그리고 여기에 중국 수학자 하국주와 수학 대화를 주고받은 유명한 일화가 소개된다.

최석정(1645~1715)

영의정을 지낸 수학자로, 1700년에 수학 책 《구수략》을 썼다. 《구수략》은 한국 고대 수학을 체계화하고 집대성한 성과로 평가받고 있으며, 특히 6절에서는 현대 수학의 삼각법에 대해 자세히 설명하고 있다. 또한 3차부터 10차까지의 마방진과 육각형, 동심원, 다이아몬드 모양 등 여러 가지 마방진이 나온다. 그중에서도 9차 마방진은 가장 탁월한 것으로 현대 수학의 계산법으로 볼 수 있다.

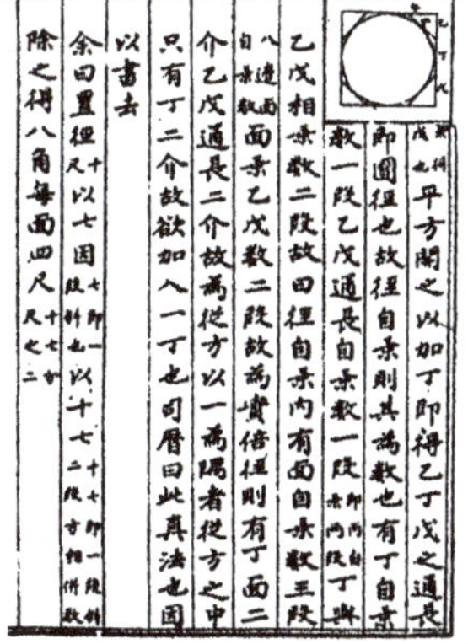

平方開之以加丁即得乙丁戊之通長
即圓徑也故徑自乘則具爲數也有丁自乘
數一段乙戊通長自乘數一段丁與
乙戊相乘數二段故四徑自乘內有面自乘數五段
八邊面自乘數面乘乙戊數二段故爲實倍徑則有丁面二
介乙戊通長二介故爲從方以一爲隅者從方之中
只有丁二介故欲加入一丁也司曆曰此真法也圓
以書去
余曰置徑十尺以七因以十七
除之得八角每面四尺

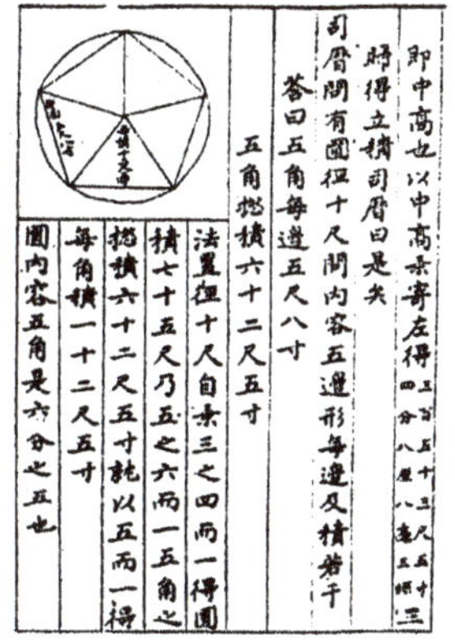

即中高也以中高乘寄左得
時得立積司曆曰是矣
司曆問有圓徑十尺內容五邊形每邊及積若干
荅曰五角每邊五尺八寸
五角摠積六十二尺五寸
法置徑十尺自乘三之四而一得圓
積七十五尺乃五之六而一五角之
摠積六十二尺五寸就以五而一得
每角積一十二尺五寸
圓內容五角是六分之五也

▲ 구일집

경선징(1614~?)

경선징의 집안도 산학자를 한 중인 집안이었다. 그가 임진왜란 이후 《산학계몽》 등 소실된 수학 책들을 복구하여 편찬하는 일을 했다는 기록이 있다. 최석정의 《구수략》에 "서양에는 마테오리치와 아담 샤알이 있고, 우리나라에는 근세에 경선징이 가장 저명하다."는 구절이 있는 것을 보면, 그가 대단히 뛰어난 수학자였음을 알 수 있다. 그가 지은 책 중에서 유일하게 전해지는 3권의 《묵사집》은 《산학계몽》과 같은 수학 입문서이다.

지식의숲

어린이를 위한

우리 겨레 수학 이야기

제1판 제1쇄 발행일 2005년 8월 8일
제1판 제13쇄 발행일 2014년 4월 15일
제2판 제2쇄 발행일 2022년 5월 20일

글쓴이 · 안소정
그린이 · 이연수

펴낸이 · 곽혜영
주　간 · 오석균
편　집 · 최혜기
디자인 · 소미화
마케팅 · 권상국
관　리 · 김경숙
펴낸곳 · 도서출판 산하 | 등록번호 · 제300-1988-22호
주소 · 03385 서울특별시 은평구 연서로26길 27, 대한민국
전화 · (02)730-2680(대표) | 팩스 · (02)730-2687
홈페이지 · www.sanha.co.kr | 전자우편 · sanha0501@naver.com

ISBN 978-89-7650-444-9 74410
ISBN 978-89-7650-800-3 (세트)

* 이 도서의 국립중앙도서관 출판시도서목록(CIP)은 e-CIP홈페이지(http://www.nl.go.kr/ecip)와 국가자료공동목록시스템(http://www.nl.go.kr/kolisnet)에서 이용하실 수 있습니다. (CIP제어번호 : CIP2016027142)

* 8세 이상 어린이를 위한 책입니다.